U0044547

思想觀念的帶動者
文化現象的觀察者
本土經驗的整理者
生命故事的關懷者

{ PsychoAlchemy }

啟程，踏上屬於自己的英雄之旅
外在風景的迷離，內在視野的印記
回眸之間，哲學與心理學迎面碰撞
一次自我與心靈的深層交鋒

Owning Your Own Shadow:
Understanding the Dark Side of the Psyche

擁抱陰影
從榮格觀點探索心靈的黑暗面

羅伯特‧強森（Robert A. Johnson）－－著

徐曉珮——譯

本來無一物：閱讀《擁抱陰影》

魏宏晉（心靈工坊成長學苑講師）

> 我是阿拉法，我是俄梅戛，我是首先的，我是末
> 後的，我是初，我是終，那洗淨自己衣服的有福了。
> ——《聖經》啟示錄 22 章 13-14 節。

羅伯特・強森的是位優秀的說書人，其《擁抱陰影：從榮格觀點探索心靈的黑暗面》一書從西方文化、歷史與宗教的觀點切入，以淺白的日常經驗和文化歷史故事交織，旨在破解二元對立世俗性觀點的迷思，析論陰影的神聖價值，精彩生動，是部講述心靈故事的佳作。

「陰影」（shadow）是榮格心理學重要的入門概念，貫串體系，以為理論的骨幹，古典榮格學派大師馮・弗蘭茲（von Franz）甚至大膽疾呼：「簡單地說，陰影就是無意識整體。」幾乎置科學精神於枉聞，更突顯陰影這個概念在分析心理學中的地位非凡。

陰影的前身：情結

　　榮格的精神分析事業始於情結（complex）的科學實證研究，他的「字詞聯想測驗」（Word Association Test）為佛洛伊德在治療病人豐富經驗裡，所歸納出不快的記憶會被壓抑進潛意識的假設，提供有力的證據。眾所周知，此舉奠立了兩人合作的基礎。情結理論在兩人合作無間的時期中被發揚光大，成為精神分析的重要理論根據。後來，榮格自立門戶之初，還曾經把自己的理論稱為情結心理學，以分析心理學正式為名則是稍後的事。

　　情結一詞由德國心理學家希奧多・濟安（Theodor Ziehen）率先提出，他指稱其為「複雜的情緒所組成的」（complex compounded by the feeling），是個「情緒的複合體」（emotional complex），榮格贊同這個看法，也認為情結就是「各種想法充斥的複雜情緒體」（feeling-toned complex of ideas），可謂之為「情感飽滿的情結」（emotionally charged complexes）。

　　濟安是聯想心理學（association psychology）的倡導者，他在自己所創的「心理生理學認識論」（psychophysiological

擁抱陰影：從榮格觀點探索心靈的黑暗面

epistemology）範疇內，提出屬於他自己特別的「二元論」
（binomistic）思想，提倡他名之為「內在原則」（the principle
of immanence）的一元實證主義哲學立場。他的哲學方法論奠
基於現實主義、客觀主義和絕對理性主義之上，所持的唯心主
義認知模式反對十九世紀以來的唯物主義自然科學觀。

　　儘管佛洛伊德的情結理論觀點並未背離濟安的二元論的想
法，但是他畢竟在科學方法論上傾向唯物的因果論，主張人類
具有普遍共通的情結，且無法逃離它的影響，也就是他所說的
絕大部分心理疾病的核心不出伊底帕斯情結的問題，此說主張
明顯為性慾一元論。然而榮格卻認為，人類心靈由多種情結構
成，且許多情結間彼此會形成二元對立，問題不單只因性慾而
起。

二元對立：情結到陰影

　　榮格認為，人是情結的複合體，基本上，心靈就是由各種
不同情結所構成的。而形成情結的原因，要追究到陰影。陰影
先於情結存在，於情結背後擔任主導的角色，兩者皆屬原型。

　　在心靈的第一個層次，也就是在個人經驗裡，陰影隨個體

成長而發展累積，會自發性地組合叢聚。由一個共同主題所組合起來的情緒、記憶、認知以及欲望的模式與核心，一組組被壓抑的心靈內容物圍繞這個核心或者模式，聚集成情緒飽滿的思想概念群，形成諸多情結。如因為想爭奪母親的幻想，產生對父親的敵意，又加上現實父親帶來真實與想像傷害的恐懼、記憶與痛苦所形成的陰影聚集在一起，因而發生戀母弒父的伊底帕斯情結。因此，情結是個人無意識的主要內容。

　　而進入到榮格心理學的重點，也就是集體無意識的第二個層次，榮格將情結與陰影做了進一步的區分。

　　榮格在一九〇六年到一九一二年與佛洛伊德合作期間，抱持著支持佛洛伊德精神分析理論的立場，盡量援引佛氏概念詮釋心理現象，期間於一九一二年出版的《無意識心理學》（ _The Psychology of the Unconscious_ ），裡頭並沒有提到陰影，那時是以情結替代。兩人分道揚鑣後，他在《轉化的象徵》（ _Symbols of Transformation_ ，1956 年）裡寫道：「我分析美國人時，經常看到的劣勢人格，所謂的陰影，是以黑人或者印地安人的樣貌出現。」榮格在討論美國人這個族群時，以一位年輕的美國女性的夢境分析為案例，他指出，出現在她夢中的美洲阿茲特克原住民，可能不是她自己的陰影，因為那是個男性，

所以要將他當作她人格中的陽性部分。這是以集體無意識心靈中的阿尼瑪（anima）與阿尼姆斯（animus）這組二元對立的原型結構作為分析的基準。

原型常常會形成對立的組合，比如阿尼瑪與阿尼姆斯，各自成為彼此對立面的陰影，這在古典榮格學派裡，構成集體無意識分析的主題。而原型的特性在於絕對不可妥協，本身就是個二律背反（antinomy），比如絕對的善或絕對的惡都無法獨立存在，如果不能彼此彰顯，便只是無意義的各自概念而已。因此，原型本身也有陰影。榮格曾以舊約上帝只因撒旦的質疑，便降災試煉他的虔信子民約伯為例指出，約伯對上帝的無情且無來由的懲罰一概承受，反而顯現出被造者的心性比創造者高尚完美的矛盾。耶和華不信任他所造的約伯，正是他的陰影投射；多疑獨斷且憤怒殘酷的性格，透露出他的困境。也因此，這個不完美的舊約上帝，只有透過道成肉身，來到人間，以新約基督的人的形象親身經歷他所創造的人世間的苦難，完成榮格學派理論所謂的個體化歷程後，才成為一個完整的個體，實現上帝原型所指涉的真實意義內涵。

陰影的破與立

綜上所述，陰影的涵義涉及了三個層面。一是個體的，為來自個人經驗過程被壓抑的幻想、願望、衝動和思想等；二是集體的，不源於個體，可能是因文化、族群、權力、仇恨等，而產生的共同欲望的投射；三是原型的，為心靈中的絕對模式，亙古恆存的至善、邪惡、諸神眾鬼等。

佛洛伊德早年對一元性驅力精神分析理論戮力以赴，及至晚年卻意識到當中的侷限。人如果只有趨生的本能，就無法解釋抗拒痊癒、攻擊殺戮等精神官能症的模式，於是，他終於再提出具爭議性的「死亡本能」（death instinct）的概念。他在《超越享樂原則》（*Beyond the Pleasure Principle*，1920 年）一書中指出，人會以「強迫重複原則」，讓自己有可「控制」的快樂。自我毀滅是自己可以控制的，因此為死亡本能。性本能是建設性的，反向的死亡本能則是破壞性的，兩者同時並存，但消漲方向正好相反。他為自己的理論辯護道：「我們的觀點從一開始就是二元論的，……相反地，榮格的欲力理論是一元論的……」然佛洛伊德的辯解則反倒令人更加生疑。人生的價值也許並非僅止於眾多佛洛伊德學派學者所主張的：「可以工

作，可以愛，足矣。」工作與愛人，只能算世俗標準，對志在人生實相、宇宙真理者，世俗的成功，卻可能只是換一種方式受苦。人前富貴，人後受罪，終非解脫之道。就榮格而言，身處二元對立的世界，如何整合人生內外的複雜對立才是根本。從個人、集體到原型，總有著表象之下的另一個極性，從個人觀念心性、集體道德責任，一直到終極的宗教悖論，陰影能量充沛，可正可邪的影響力真實不虛，如何去除？且同時又加以融合納入？實為關乎性靈的宗教性要事。

　　以上的分析，可以先備，以為閱讀貫通本書的輔助性知識。

暗裡靈光

　　本書的篇幅不長，結構也簡單。連同導論加上三章，共分四大部分。導論言簡意賅地指出陰影的珍貴，但容易被忽視、遭誤用的特性；正文第一部分析論陰影形成與運作的來龍去脈；第二部分由男女情愛觸動阿尼瑪／阿尼姆斯原型的討論，進入到集體無意識，初步涉及二元對立消弭與融合的問題，開啟最後一部份「靈光」的討論。「靈光」這部分篇幅最短，貫

為宗教問題之探索，旨在消弭二元對立，故易讀難「懂」，宜隨詩意行文倘佯漂流，隨緣觸動為要。

「靈光」亦即榮格學派理論之「自性」（Self），為心靈整體，也是核心，本自具足，盡虛空、遍法界。自性為「神」的原型，但既非已浮上意識的任何宗教的上帝所能概括，因此也不全然等同於沉入無意識裡的魔鬼。它是個體化之前的概念、完成後的成就、引路的燈塔、是起點也是終點，帶領著人們完整經歷生命所有的痛苦與磨難，照亮無意識中的黑暗。

陰影深埋心靈，靈光可謂整合陰影的唯一法寶。遮蔽光明而讓個人產生陰影的，不外乎人格面具；至於集體陰影，則因認同神聖的集體精神而來；而原型的陰影肇因於性質極端、彼此互為陰影的原型，一個有若意識上的形式，如天堂，另者竟成無意識中的能量，像地獄。

不管陰影起於個人經驗、集體認同，或者原型對立，不外乎因緣合和而生，本來無一物，如露亦如電。當因緣成熟，走上榮格學派所謂個體化自我探索與整合之路者，不時會有靈光乍現之際，於其時，電消露逝，無去亦無來。一時天清氣朗，恍如身處天堂；精神飽滿，有若神力滿溢。而，那就是了！

天堂有門，地獄是路

個體化歷程走的不是迷宮，沒有死路；探索的是迂迴卻必定通達的明陣（labyrinth）。靈光常伴，瞻之在前，忽焉在後，遍於心靈諸角落，照亮所有黑暗，破除任何二元對立。最後，完成旅程的英雄可以站立在拜占庭式的聖三畫前，開啟二元對立悖論無門關入口，參與到聖神當中，補足神聖結構的四位一體，成為神的本身。

《擁抱陰影》依循傳統榮格理論的路徑，從個人、集體與原型三個基本面向，為建立在二元論基礎上的精神分析尋求對立統合之道，最終再以榮格本人所建議過的宗教心靈方案作為根本的解決辦法，文獻豐富，深入淺出，探賾索隱，鈎深致遠，值得細品慢讀。

擁抱陰影

鐘穎（諮商心理師）

這本書是國內第一本討論陰影主題的理論專書，不同於法蘭茲博士以童話作引子來介紹惡與陰影的主題（參見《童話中的陰影與邪惡》，心靈工坊出版），作者羅伯特・強森是從宗教體驗上去談陰影的。對初學者來說，這本書會直接拉高你的學習層次，提示你陰影猶如生命之泉，它會在我們熟悉的地方消失，然後又從人們沒有想過的地方冒出來。對已走在陰影工作上的讀者來說，它會提示你注意支點與中心就是神聖所在之處，也提示我們可能會將陰影中的黃金投射在他人身上，要記得將它認同回來。

陰影工作即個體化

陰影工作是什麼？它幾乎就是個體化的全部。

從認識陰影、忍受陰影、到接納陰影，那是一種將天堂的

形式與地獄的能量相結合的過程。也是本書作者所說的，在黑暗中尋找黃金的過程。事實上，我認為我們透過陰影找到的黃金並不是什麼別的，就是內建於自身，和群體相連的「大我」或「自性」。

　　陰影被界定為那些在成長過程中被我們否認和排斥的特質與面向，用榮格早期的定義來說，則是那些在無意識中所包含的任何事物。這些與自我認同相對立的一切何以會蘊藏著黃金呢？因為對生命來說，最重要的就是完成，就是開展，就是實現。但其所欲實現的並非「小我」（也就是所有我們在向陌生人自我介紹時會說的那些東西），更是那些被小我遺棄和本能式地所迴避的一切。黃金就位於我們的對立面，只有在我們認識且接受了陰影之後，才可能短暫地經驗到這種榮格心理學家或求道者終其一生所欲追求的那種境界。這個境界就是「完整」。

　　為什麼說短暫？因為當我們接受了自身的對立面達成了進一步的整合時，新的陰影就會再度成形，它永遠與個人處於辯證關係。因此對學習榮格心理學的人來說，最重要的品質或許是將「對立」體驗為「相對」的一種能力。自我與陰影看似在彼此的對立面，但兩者事實上是相對的，正如所有我們在意的

兩極一樣：貧與富、善與惡、成功與失敗、出人頭地與默默無
聞等都是如此。

從對立走向相對

「對立」會使我們生命的立足點越來越小，「相對」卻允
許自我能被兩者同時穿越。舉情緒為例，正因我們認為身心健
康的狀態是我，甚至正向積極的情緒才是我，因此就視難過、
悲傷、憤怒、沮喪等負面情緒為寇仇，急著想要擺脫或「治
療」這些並不屬於我的東西。我越執著於我渴望的狀態，就越
得迴避所有會丟失這些狀態的情境，從而只留下了狹小的空間
給自我。這是人處於對立的狀態。

而在相對的狀態中又如何呢？在這個情境中，我們知道
無常即是真理，知道每一種情緒狀態都是自我的一部分，自我
雖然要對情緒負責，但卻不是情緒的主人。我們允許各種情緒
來，也允許各種情緒走，猶如天上的白雲，海面的波濤。我們
站在作者所說的「中間地帶」，縱然那被稱為刀鋒，位於時間
與空間之外。但就在那短暫的時刻裡，創造、意義，與平靜，
所有那些我們在「苦」裡遍尋不得的東西，都在這個狀態裡出

現。

陰影工作的聖與俗

面對陰影既是世俗的，也是神聖的。

世俗的那一面正如上述，它是我們解決生命之苦的手段，同時又是一種道德的必須。為什麼呢？那些不願在自身處理陰影的人，就會將內心的黑暗丟給外界、丟給他人。陰影最容易在我們的家人、同事，與朋友的身上找著。那些本該由我們承擔的一切，成為了他們身上固有的邪惡特質。投射的防衛機轉如此強大，以致於多數的我們都會堅信，那些與我價值觀不同的人，與我國籍血緣不同的人，就是懶惰愚蠢，而且心懷狡詐的人。在民族主義浪潮的推波助瀾下，各種仇恨、殺戮、戰爭、集中營的慘況都在在顯示了投射陰影所帶來的災害。我們樂得每晚在政論節目裡從同胞中尋找敵人，而非在他人身上認回自己的陰影，從敵人中尋找同胞。因此陰影工作的世俗性即在於確保了人性的品質，從而也促成人群的合作基礎，以及社會的平和及穩定。

而神聖的那一面同樣如上所述，它是我們走向個體化，

完整開展自我的第一步與最後一步。在那裡，已不再有主與客，也不再有失與得。有的只是相對且平等的一切。在那裡，我們得以用一個更高的視角看待我們的生命。禪師傅大士有詩一首：「空手把鋤頭，步行騎水牛，人從橋上過，橋流水不流。」請讀者們細思之，空手把鋤頭，是有鋤頭還是沒有呢？步行騎水牛，是徒步行走還是騎著水牛呢？當作者羅伯特・強森介紹了基督教文化中的「靈光」（mandorla），並將之視為兩極衝突時的和解象徵時，禪宗同樣以其特有的悖論將我們從原先分裂的內部世界與外部世界中拉出來，直到玄祕的高點。

在那一點上，我們摒棄了思考。所以當僧人問洞山禪師「什麼是佛？」時，一旁正在量胡麻的洞山禪師回他：「麻三斤。」思維在此處是無用的。我們的意識已經為我們做了太多解釋，這個是佛，那個不是。這樣做是佛，那樣做不是。當我們執著於「是」和「不是」時，陰影又躲到了「不是」的旁邊，並再度將我們帶離完整之地。在禪宗的傳統裡，十牛圖將那完整表意為「入塵垂手」，畫中是一位老者向一位幼童伸出了手。老與幼的同框，意味著兩極展開了有意義的相遇。西方傳統則慣用男女之間的愛戀故事來表意，但其所象徵的意思卻是相同的。

完整也是煉金術中色彩斑斕的「孔雀尾」，象徵著歷歷分明的覺知，象徵著人對自身每個面向的認可，在那之中，陰影已經成為我們的一部分。正如本書所言，整合不是中和，也不是妥協。否則孔雀尾就不會變成一道彩虹，而是混雜的灰色色塊。

陰影的處理方法與原則

展開陰影工作的具體方法是什麼？羅伯特・強森在書裡語帶玄機地說「花俏的解決方法不會有效。」雖然我也偏愛這種不將玄機道破的方式，但此處還是有些提醒可以跟讀者分享的。首先是我們的陰影躲在哪裡？答案是：那些我討厭的人就是陰影的躲藏之所，因為它總是容易投射在與我們親近的人身上。在那些令我們痛苦難受、憤恨難解的親子與伴侶關係中，往往就反映著我們自身的陰影議題。

其次，處理陰影的方法有哪些呢？最要緊的是把握平衡的原則。作者告訴我們，人們多少可以控制要如何或在哪一方面付出黑暗的代價，陰影的展現「最好能夠在獨處時完成，不要傷害到周遭環境或身邊的人。」因此如果你是得久坐或長期動

腦的上班族，不妨做點手作或打掃整理房間，甚至動動自己的大肌肉，讓受到冷落的身體可以動起來。凡是那些不會影響他人的恐怖電影、懸疑小說、成人影片也是選擇之一。本書最有用的提醒就是潛意識無法分辨現實行為與象徵行為的差別，因此一個屬於自己的小儀式（例如拔除雜草、對空揮拳、用模型小車排個車禍場景，或編寫個充滿憤怒或性誘惑的小故事），都有助於解放我們在這一天中產生的陰影，從而維持好平衡。書中提到，榮格學派的治療師法蘭茲博士與芭芭拉‧漢納兩人同住，如果哪個人特別好運，就要負責倒當週的垃圾。這是在釋放正面事物的陰影面，也是追求平衡的一種方式。

　　追求平衡的目的不僅是為了健康，真正重要的是為靈性經驗作準備，而這是現代人最容易在潛意識裡忽略，也最容易在意識裡反對的一件事。現代社會對靈性經驗有多缺乏，情歌裡的盲目與狂熱就有多受歡迎。我們或者把戀人視為高不可攀，以及提昇自己的工具，或者把戀愛視為性慾的代名詞，沉浸在性的解放與滿足裡。這兩種極端肇因於同一個根源，亦即靈性經驗的無能與枯竭。

　　愛情是屬於人的，但上述所說的提升、滿足與解放等詞彙卻屬於宗教。做為局外人的我們或許覺得難以理解，但對那些

熱戀期淡去的愛人們來說卻很熟悉。愛情的魔力擄獲他們、折磨他們，而後遠離了他們。戀人是真正的附魔者，而戀愛經驗則常常是宗教體驗的替代品。未經處理的陰影如何與我們熟悉的事物相結合而表現在生活中，此處又是一例。

結語

關於陰影工作我還能說什麼呢？在這麼優異且個人化的作品之前再說什麼都是多餘的。分析師羅伯特・強森分享了他對西方世界的觀察與體悟，我在文中也用禪的故事回應了他。如若讀者們不嫌棄，且再聽我一個故事當作本文結尾。

印度守護大神毗濕奴的第八化身名為「黑天」（Krishna），他的命運是戰勝自己邪惡的叔叔。他在小時候就顯露出了種種奇蹟，有一回，他就像每個不懂事的小孩子那樣坐在地上亂吃著東西，母親叫他把東西吐掉，但他卻說自己什麼也沒吃。母親氣極了，叫他把嘴張開檢查，沒想到，母親卻在黑天的嘴裡看見了日月星辰，看見了整個宇宙。

如果宇宙在這孩子的包納之中，那麼母親所身處的宇宙又在何處呢？每個被我們分裂出去的自身陰影或心靈碎片都包含

了整體性，這既是一又是多，既是殘缺又是完整的悖論看似矛盾，卻是實實在在超越性的證明。想想葉子上映照出整片藍天的水珠，以及朝向自己生命而去不斷分裂成長的健康胚胎吧！個體化不僅是個人實現完整的動力，也是大我存在的基礎。包含了無意識中所有事物的陰影將會有你一直以來尋求的奧祕。

　　這個過程無疑是辛勞的，猶如我們想在世俗生活中取得的任何成就一樣。但此番旅程你什麼都不會得到，你只會得到自己，得到「日日是好日」的愜意，得到「行到水窮處，做看雲起時」的從容自在。你一直嚮往著的這一步，該開始了！

修行始於接納陰影

李孟潮（精神科醫師、個人執業）

> 朝鮮之地，箕伯所保。宜人宜家，業處子孫。
>
> ——《易林·大畜之大畜》

I 導言

翻開普林斯頓二十卷的榮格文集，我們看到標題上寫有「陰影」這個詞語的，只有兩處，一處是一九四六年的文章，另一處是一九五一年，兩個年頭，都是烽煙四起的歲月。

一九四六年這篇，是榮格在 BBC 的演講，名為〈與陰影作戰〉（*The Fight with the Shadow*），此文慷慨激昂，情緒激烈，類似網路熱文，它集中火力，批判集體主義的德國文化。榮格宣稱早在二戰之前，就發現自己的德國病人有問題。他詛咒了希特勒，貶低了德國人，認為他們把陰影投射到了希特勒身上。然後，他提倡民主主義，以瑞士的完美民主體制為代

表，他分析因為瑞士民主把生命能量消耗到內鬥了，所以不太容易發動戰爭。

他還號召大家成為獨立負責的個體，而不是把人生寄託到「國家」上面，與此同時他悲觀地預測，人們會一直集體主義走下去，直到把基本人權都輸光。

最後，他寄希望於未來的人類，未來人會認識到自己是命運的製造者，國家是其公僕而非主人。回到自性化的康莊大道。如今未來已經到來，松搖古谷風，竹送青溪月，榮格九泉下，可否含笑眠？（Jung, 1946）

一九四六年這篇雖然題目名稱中有「陰影」，但是對於「陰影」的臨床應用卻幫助甚微。甚至我們應該懷疑，當時的榮格，是否被文化無意識陰影捕獲了，被權力情結佔據了。

一九五一年，另一篇論陰影的，則是經典之作，它奠基了榮格學派的陰影理論，包括各位讀者手中此書。它來自榮格文集第九卷第二部分，《伊雍》（*Aion*）[1] 一書的第二章，此書是榮格晚年的心血之作，除了第二章專門討論「陰影」外，

1　Aion 一書，有多種翻譯名稱，除了《伊雍》，還包括《愛翁》、《移湧》、《基督教時代》、《自我與自性》等。

第三章和第四章，還提出了一個四階段的自性化 [2] 模型：階段 1：陰影與人格面具整合；階段 2：阿尼瑪與阿尼姆斯整合；階段 3：智慧老人與永恆少年整合；階段 4：自性原型與自體連接。

榮格如此描述陰影整合的重要性，「我要強調的是，陰影的整合，或者對個體無意識的認識，乃是分析的第一步，沒有這一步，也不可能認識阿尼瑪和阿尼姆斯。瞭解陰影，只能透過與夥伴的關係；瞭解阿尼瑪和阿尼姆斯，則只能透過與異性夥伴的關係，因為只有在這樣的關係中，它們的投射方可奏效。」（Jung, 1951）

能把榮格四階段打完通關的人，可謂鳳毛麟角。這英雄之旅，孤獨而漫長，自然離不開前人繪製的自性化心靈地圖。有關陰影整合，榮格派著作不少，在後文也會略作評述。

2　自性化，是 Individuation 的譯名。Individuation，詞根 in-，是「不可」之意，-dividuation，則是「分開」之意，所以這個詞本意為不可再分、獨立成型，自成一體的意思。根據學科不同，它被翻譯為不同的中文，如翻譯為「個性化」、「個人化」、「分化」等等。這個詞翻譯為「個性化」，更加切合榮格大多數語境下的含義，畢竟榮格是一個個人主義者。翻譯為「自性化」，來自申荷永老師，主要是強調這個過程中，自我與自性原型連接，更接近於榮格晚年的用意。另外，此譯名也在於突出中國文化特性，「自性」一詞是古漢語，在佛經中多次使用，主要含義是指事物的原初本性，可參考濟群法師《漫談自性》一文。全文：http://blog.sina.com.cn/s/blog_5dbf344d0102v0h7.html

在有關陰影的眾多作品中，作者強森這本《擁抱陰影》別具一格。主要有以下特點：其一，他採取了廣義的陰影定義，也就是陰影等同於無意識；其二，他提出二元對立是陰影的來源，從而賦予陰影去整合一種靈性超越的意義。陰影整合變成了修行之旅的第一步，也是貫穿始終的主題。

本文準備首先簡要總結此書各章內容，並且加以評述，便於讀者們了解該書大意。然後介紹一些陰影整合的其他資料，供有意深入學習的讀者參考。

II 本書內容簡要總結和評述

本書包含三個部分。對應著自性化的三個階段，第一章便是討論陰影的整合、第二章是阿尼瑪和阿尼姆斯的整合、第三章則是描述了自性化最後一個階段的一些體驗，比如曼陀羅和靈光的出現。

第一章討論了六個問題，分別是：1）陰影的起源；2）平衡文化與陰影；3）投射的陰影；4）陰影中的黃金；5）中年的陰影；6）儀式的世界。

總結和述評如下：

1）陰影的起源：強森在「導論」中就提出，「尊重並接受自己的陰影，是極為深刻的靈性修煉。這不但是整體圓滿而神聖的，也是人生中最重要的體驗。」那麼為什麼整合陰影是神聖的靈性體驗呢？這就和他如何定義陰影有關，他說，「人格面具是我們想要成為的樣子，也是我們想要讓世界看到的樣子。」，而「陰影則是我們沒看見或不知道的自己。」他明確地知道陰影的定義有廣義和狹義的區分，並特別指出這裡是廣義定義的「陰影」。[3] 但是接下來，強森提出了一個讓人震驚的「陰影起源說」，他說，「但在發展初期，我們吃了美好的知識之果，一切就劃分出善惡好壞，陰影也開始逐漸形成，而我們也分離了自己的生命」。換言之，陰影是基督教說的「原罪」，是佛教說的二元對立的「分別心」，「分別念」。在善

3　陰影的定義，廣義和狹義區分可以參考英國心理分析師帕帕多普洛斯（Papadopoulos）主編的《榮格心理學手冊》（*The Handbook of Jungian Psychology*）一書的「第四章——陰影」，該章是由安凱‧斯門特（Ann Casement）所寫，她對陰影的定義、研究都有較為深入的探索，有一些資料超出了本文所總結的內容。（Casement, 2006）。以及沙繆斯（Samuels）等所著的辭典《榮格分析評論辭典》（*A Critical Dictionary of Jungian Analysis*）（Samuels, 1986）則對於「陰影」有較為概括的研究，雖然沒有使用概念研究方法，對榮格原著的詮釋有偏頗之處。總結起來，陰影至少有三種定義：1）指整個無意識；2）指自我（ego）不能接受的，被壓抑到無意識中的成分；3）特指帶有攻擊性、毀滅性、黑暗的原型意象，如魔鬼、死神等等。第一種是廣義的概念，後的兩種是狹義的。

惡二元對立心態的作用下，文化透過分類和象徵符號化進一步的強化了「陰影」與「人格面具」的二元對立。所以，我們想要超越陰影，就需要超越我們所處的各種文化，無論是中國文化還是美國文化。

2）平衡文化與陰影：強森在這一部分開頭之處強調的是平衡發展，但是行文中，他更提倡一個人要和陰影接觸。他採用了多方面的資料，包括榮格的夢境、基督教教義、歐洲歷史、榮格分析師們生活趣聞等材料（包括作者他自己的）。

3）投射的陰影：強森論證了，如果一個人不能內化和吸收陰影，他的陰影就會投射出去。造成各種問題，乃至種族歧視，也來自於陰影投射。他特別提出，在人際關係中，有些時候必須承擔起別人的陰影投射，他舉出的案例是一位禪師，他被懷疑和少女通姦導致對方懷孕，但是面對憤怒的村民，這位禪師保持了微笑的沉默，含污納垢，慈悲利生。

4）陰影中的黃金：這一節提出優秀品質也可能成為陰影並被投射，並引用了詩人艾略特佐證。這種論證方式非常有趣，在中國文化中叫「詩證法」，古文中常見的「有詩為證」。在最後又引用了一位牧師暨榮格分析師觀點，提出上帝愛人類的陰影超過愛人類的自我。

5）中年的陰影：提出中年期是陰影爆發之時。中庸之道是理想狀態。

6）儀式的世界：這一章的前五個部分類似於疾病的病理學和診斷學，這最後一個部分類似於治療的建議。作者提出儀式對於整合陰影的重要性。大多儀式都包含有毀滅元素，並以符號象徵陰影。作者同時提出人們要注意所選擇儀式，是和劣勢自我功能匹配的。

本書的第二章，〈浪漫愛情化身陰影〉，承接第一章的內容，它仍然具有六個部分。內容總結和評述如下：

1）投射神的形象：人們墜入愛河，處於浪漫愛情之中時，最容易出現陰影的投射，其實是自身的神聖性或者上帝的意象被投射出去。這和投射黑暗成分是一樣危險的，因為愛人既然被投射成了神，那麼人生出了任何問題，當然要找你家裡的那位神來負責——從賺錢養家到打掃清潔，從協助寫作業到上床做愛。所以任何人稱呼你為「男神」、「女神」，就應該心存警惕，趕快把這本書送給對方。強森比較具有文化比較的理念，他認為這種把配偶投射為神的現象，是在西方進入十二世紀才廣泛存在的，而在東方的印度、西藏等地，人們把神的形象投射給一個世俗中的人，已有漫長歷史，主要是在修行的

師徒關係中，投射給上師、仁波切們，但是為了避免投射後的幻滅，師徒關係要保持恰當的距離。這種投射和幻滅的爆炸能量非常巨大，他比喻說，就像給只能承受一百一十伏電壓的居民住宅，配備上了一萬伏電壓的高壓電。

2）浪漫主義的個人經驗：這部分透過強森本人的一個夢，來闡述了一個人如何放下那一萬伏高壓電的投射。前面有「詩證法」，這裡是另外一種論據方法，叫做「夢證法」。榮格心理學中，認為直覺、情感來源的訊息，也可以稱謂一種論證證據，這和一般的美國學院派的科學心理學不同，心理學背景的讀者要注意這個特點。

3）宗教經驗中似是而非的悖論：他提出宗教的特徵之一，是包含了矛盾統一的悖論。悖論可以產生意義，如果沒有這些悖論，就只剩下了截然對立的衝突，而這些衝突會造成無意義感。承受這些悖論、這些困惑，是療癒的第一步。也許事物的悖論本質，應該被列為一種最根本、最本質的陰影。在 116 頁列出的「世俗實際價值」與「基督教價值」對比列表有趣又重要，一眼看去，讓我突發奇想，強森列出的基督教價值，好像就是中國大陸生活現實啊，所以虔誠的基督徒們是否應考慮移民中國？而他列出的世俗價值，恰好也是不少華人公

共知識份子的理想和信仰，他們於改造中國文化艱苦奮鬥。最後，強森對宗教（religion）這個詞進行了語言學溯源，提出宗教的本意就是重新連接，讓人的小我橋接、嫁接到療癒的本源。這其實就是自性化過程中的自我 - 自性原型的整合，所以榮格派分析師中有很多禪師、牧師、上師、仁波切，也就不足為奇了。

4）悖論的奇蹟：這一段是提出，保持悖論的張力，可以幫助一個人深入理解矛盾的雙方。行文已經有點類似《聖經》或者榮格的《紅書》的神諭詩體，比如這句，「贏很好，輸也很好；擁有很好，分給窮人也很好；自由很好，服從威權也很好。（It is good to win; it is also good to lose. It is good to have; it is also good to give to the poor. Freedom is good; so is the acceptance of authority.）」這句話可以送給今日美國的民主黨粉絲和共和黨擁護者、可以送給摩拳擦掌準備新冷戰的中美日各方、送給憤怒對罵的粉紅網友和深綠網軍，當然更應該穿越時空七〇年代、回到一九五一年的朝鮮、送給戰場上準備簽訂停戰協議的中美雙方、送給那年憤怒的麥克阿瑟將軍、送給焦慮的蔣介石先生，或送給興奮的毛澤東先生。

當然，歷史老人也不會忘記在一九五一年，地球另一邊的

瑞士人榮格，七十六歲的他，正在沒有電燈、沒有一百一十伏特電壓的古堡外，一邊雕琢著石頭，一邊為自己新書《伊雍》的時運不濟哀歎，雖然非二元哲學早在《紅書》中就已經論述過，但是身邊幾乎沒有幾個人看得懂他的這本新書。此時在朝鮮的晴朗的夏日天空中，人們內心的陰影和外在的槍彈正在激烈交互投射。和平的朗月正在等待夜晚的到來。

5）愛與權力的悖論：強森在這一節筆力回撤，再次回到了主題，寫作了小小一段，這一段的主題可以用他的話概括：「權無愛變冷酷，愛無權則羸弱」，所以江山與美人，它們形成了悖論，但是並非尖銳對立的衝突，這句顯然比榮格那句名言要成熟——「哪裡有權力，哪裡就沒有愛情」（Where love rules, there is no will to power; and where power predominates, there love is lacking. The one is the shadow of the other.〔Jung, CW7, Par. 78〕）榮格說這句話的時候，是一九一七年，那年他四十二歲，還沒有認識到愛情與權力構成悖論，但是這兩者不一定要衝突對立。

6）陰影是通往悖論的入口：在這一部分，強森終於點題，他總結說，一個人擁有陰影後，他就讓陰影擁有了尊嚴和價值，所以擁有陰影是靈性修行的基礎，人們需要把兩極對立

的衝突，轉化為矛盾統一的悖論。接納了悖論後，人們就發現了比自我更加偉大和廣闊的世界，當然也就是邁向了自性原型的世界。

在頭兩章闡述了眾多理論後，第三章則提供了一個治療手段，這就是靈光（mandorla）這種神聖靈光圖。榮格派對佛教文化中的曼陀羅、對西藏的唐卡大聲稱讚，但是很少有人注意到，其實基督教文化中也有「靈光圖」這樣的曼陀羅。提出用靈光圖開展療癒，可以說是強森的獨門祕技。

這一章也分為三個部分，總結如下：

1）靈光的療癒本質：這部分論證了靈光圖的療癒原理，尤其是這裡的靈光圖：英國薩默斯特郡，格拉斯頓伯里的聖杯井值得關注。Google 上可以找到的靈光圖很多，但大多都是具體的人物圖像，而作者提倡的顯然是這種比較抽象空靈的靈光圖。

2）語言也是靈光：這一部分的內容遠遠超出其標題。他首先提出語言結構中包含著靈光圖的結構，尤其是動詞豐富的語言如漢語與希伯來語。這一部分讓人不免想到了拉岡（Lacan），他也是首先強調語言的結構，然後曾經走向了拓撲圖，拓撲圖和靈光圖顯然是非常類似的。（沈志中，2019）

強森接著指出這種靈光結構在舞蹈中也存在，難怪有榮格舞動治療師這一流派。最後靈光體驗居然和脈輪瑜伽聯繫上了，他引用了馬太福音的話，「你的眼睛若瞭亮，全身就光明。」（If thy eye be single, the whole body shall be filled with light. 〔Matt. 6:22〕），我認為這和脈輪瑜珈中的第三隻眼、第七脈輪有關。[4]

3）靈光的人性層面：強森在這一節提出，靈光體驗提供了容納人類生活的容器，在足夠的靈光體驗後，人們還是要回到充滿二元對立的俗世中。

本書在內容上，應該算是強森本人的靈修體會，在文體上，則接近於從榮格到希爾曼（Hillman）的專業散文，和 APA 期刊的那種 SCI 文風大相徑庭。對它的閱讀，讀者自己需具有一些修行體驗，尤其是基督教的靈修體驗。

陰影的工作是臨床工作的基礎，本文筆者不揣冒昧，提出以下擴展學習的建議。

4　《聖經》有各種版本，強森此處來自詹姆斯國王版，中文世界流行的《聖經》多為國際和合本，與這一句不同，各版本比較可以參考：https://www.bibleref.com/Matthew/6/Matthew-6-22.html

III 陰影整合的擴張學習資料簡評

陰影整合，是自性化的第一道門檻。只有人格面具發展過度之人，才有必要進行陰影整合，有能力進行陰影整合。這些人大多是功成名就、面臨中年危機。但是臨床實踐中不少個案，其治療的主要目標是發展人格面具，也就是首先要適應社會、名利雙收再說，這一類個案可能更加適合的療法是辯證行為治療（DBT）這樣的療法，在透過各種訓練和技術後，能讓心理功能中的四大功能達到辯證平衡的發展。（李孟潮，2016；Hudson, 1978；Jacobi,1967）

在 DBT 治療的中期，需要處理童年創傷，雖然它和精神分析的技術不同，但是本質上都是針對童年創傷歷史留下的情結。英國兒童精神科醫生和榮格分析師邁克爾‧福德罕（Michael Fordham）在一九六五年的論文中提出，整合陰影要起步於分析童年，可以説打通了各流派的隔閡。（Fordham, 1965）

榮格學派中，對陰影整合研究最深入的，當屬康尼‧茨威格（Connie Zweig），她主編了一本書名為《遇見陰影：人類精神黑暗面中的隱藏能量》（*Meeting the Shadow: the*

Hidden Power of the Dark Side of Human Psyche），此書集合了六十五位各行各業專家，可謂群星薈萃。而且此書的在編排上頗有功力，結構清晰、層次明瞭、範圍廣泛。（Zweig & Abrams,1991）是一本開闊眼界的好書。

她還寫作了兩本自助書籍，一本叫做《陰影的浪漫化》（*Romancing the Shadow: a Guide to Soul Work for a Vital Authentic Life*）（Zweig & Wolf, 1997），書名有誤導性，然後誤以為只是討論愛情中的陰影，但是實際上它包括了生活各方面的陰影，包括家庭、育兒、工作、友情等等。

另一本名為，《遇見靈性的陰影》（*Meeting the Shadow of Spirituality: The Hidden Power of Darkness on the Path*），此書專門論述人們在修行之路上的陰影投射，堪稱修行者避坑指南。

在經典榮格派中，埃利希・諾伊曼（Eric Newmann）《深度心理學與新道德》（*Depth Psychology and a New Ethic*），被認為是最早的專門研究陰影的作品，雖然這本書大部分在論述道德心理學，但其附錄卻有一章是討論了陰影的臨床意義。（Newmann, 1990/1949）

另外一位經典榮格分析師瑪麗 - 路薏絲・馮・法蘭茲博士（Dr. Marie-Louise von Franz），也寫了《童話中的陰影與邪

惡：從榮格觀點探索童話世界》一書，使用了眾多童話來論述陰影問題的處理。（von Franz, 1974）

不過諾伊曼和法蘭茲的書，應該歸類為專業著作比較合適，雖然臨床上有不少個案把它們當作自助書使用。

論述陰影最有系統的自助書籍，應該算是瑞士心理學家維瑞娜‧卡斯特（Verena Kast）所寫的《人格陰影》（*Der Schatten in uns: Die subversive Lebenskraft*）一書，卡斯特擅長寫自助書，此書結構清晰，內容豐富，缺點是比較枯燥無味。（Kast,1990）。

另外一本自助書來自日本的河合隼雄，叫做《如影隨形：影子現象學》（影の現象学），此書既適合自助，又適合分析師學習，它同樣體現了河合的文風，深入淺出，有較多夢境和不少日本精神病學文獻。（河合隼雄，2000/1987）

初學者如果只想要略讀一下榮格原著中有關陰影的篇章，那麼高嵐老師主編的《榮格文集第七卷：情結與陰影》則是不二之選，其選文比英文的類似選集要更加豐富，更加精要，而且把情結與陰影並提，也是比較有學術品味的做法。（〔瑞士〕榮格著，李北容、吳於群、楊麗筠譯，高嵐、張鷚原、遊瀟審校〔2014〕）。

分析中能夠接觸到的最淺顯的陰影，大概就是被壓抑的自我心理功能，在這方面美國榮格分析師約翰‧畢比（John Beebe）發明了一個他稱之為畢比雙十字模型，方便人們瞭解自己處於陰影狀態的各種心理功能。（Beebe, 2007）

　　對於治療師來說，更加深入的一個研究，是格羅斯貝克（Groesbeck）的論述，他闡述了治療師如何透過瞭解自己處於陰影狀態的心理功能，然後轉化和發展這些功能，來調整治療領域中的投射和認同。（Groesbeck, 1978）

　　中國文化的主流是家族主義，其陰影就體現在家族中的替罪羊現象和聖母現象。替罪羊在重男輕女的家族中特別明顯，尤其是家族企業的女兒們深受其苦（Kirschner, 1992）。席薇亞‧佩雷拉（Sylvia Brinton Perera）的作品《替罪羊情結》（*The Scapegoat Complex: Toward a Mythology of Shadow and Guilt*）能夠從原型、宗教獻祭角度來理解這一現象，簡而言之，獻祭行為喪失了神聖意義，就變成驚人的虐待和愚蠢的自虐。

　　聖母人格就是一種常見的自虐，變成了抖音精神分析師的罵娘用語，他們稱呼一個人聖母，大概和蔣中正先生罵「娘希匹」異曲同工，實在有點辜負此術語的深刻含義，德里弗（Driver）的論文則深刻分析了聖母原型與父性缺席、陰影投

射、四相性的關係，尤其指出了榮格神性觀的偏頗之處——他受天主教神性觀影響，而沒有對基督新教的神性觀做深入研究。尤其對神性中的母性不太了解。（Driver, 2013）

家族中陰影投射之時往往也有嫉妒感和羞恥感堆積，這方面如果臨床工作者想要深入研究，也可以參考哈巴克（Hubback）和西多利（Sidoli）的作品。（Hubback, 1972; Sidoli, 1988）

榮格學派分析別人的陰影很在行，那麼他是不是也分析自己的陰影呢？

當年榮格的自傳出版後，一片叫好，自傳中的榮格簡直就是道教典籍中形容的「人仙」，他是榮格派弟子心中的紅太陽。但是溫尼考特（Winnicott）不吃這一套，他和邁克爾·福德罕（Michael Fordham）是好友，頗為瞭解紅太陽的黑歷史，所以他的書評不客氣地分析了榮格的黑暗面，比如榮格應該是兒童精神分裂症患者，比如曼陀羅這種東西太完美而不真實，這篇論文引發了眾多榮格分析師的回應，梅雷迪思-歐文（Meredith-Owen）論榮格陰影的一篇，頗有深度，挖掘了自性理論本身的陰暗面，自性化難道不可能是一種超級自戀嗎？（Meredith-Owen, 2011）

斯坦頓・馬蘭（Stanton Marlan）對於煉金術的黑化頗有研究，他的著作《黑太陽：黑暗的藝術與煉金》（*The Black Sun: the Alchemy and Art of Darkness*）頗有功力，有精要的案例和配圖，最後一章還討論和無我與有我的辯證整合，書中有不少道教哲學理念。（Stanton, 2005）

范妮・布魯斯特（Fanny Brewster）也分析了榮格學派的陰暗面，她出版了《非裔美國人和榮格心理學：離開陰影》（*African American and Jungian Psychology: Leaving the Shadows*）一書，書中描述榮格本人存在對黑人的種族歧視，而榮格分析乃至精神分析的發源，是建立在美國文化的系統性種族歧視基礎上。中國接觸到的那個光明的美國，其實是美國的人格面具，瞭解一下其陰影，也有助於整合自身文化的陰影。（Brewster, 2017）比如中國文化要真的是那麼偉大、光明、正確，我們如何來解釋農民起義和《金瓶梅》呢？

分析師和受訓分析師們，很容易把陰影投射到培訓組織中，精神分析組織中的威權主義和政治鬥爭，比起七十年前朝鮮戰爭中的國民黨和共產黨，似乎不遑多讓。貝里‐希爾曼（Berry-Hillman）的文章，詳細討論了分析師培訓過程中的陰影投射。（Berry-Hillman, 1981）

接觸陰影的標準操作，當然是記錄夢日記。就像榮格和佛洛伊德一樣。但是細緻考察榮格的生活後，我們發現，其實他還有另外一個方法接觸陰影，那就是占卜和算命。

　　他使用《易經》占卜，也使用過塔羅牌等其他占卜方式，算命則採用了西洋占星。

　　這方面也有一些著作，如榮格占星師與分析師麗茲‧格林（Liz Greene）專門有著作討論土星對人的影響。（Greene, 1976）此書在占星師的圈子中幾乎人手一冊，不過它要求讀者必須學會占星排盤。

　　與之遙相呼應的，是美國榮格分析師霍利斯（Hollis）的書《在薩圖恩（土星）的陰影下：男人的傷口與療癒》（*Under Saturn's Shadow: The Wounding and Healing of Men*），也是研究土星之神薩圖恩（Saturn）的書籍，但是重點在於男性的原型受傷。書中有不少觀點發人深省，比如認為男性的暴力性來自於男性被侵犯的人生。（Hollis, 1994）

　　瑞哈特（Reinhart）寫了一本是專門討論凱龍星占星專著《凱龍星：靈魂的創傷與療癒》（*Chiron and the Healing Journey*），內容主要描述凱龍星有三大特性：受傷、療癒、傷人，是受傷療癒者原型。榮格出生時，就是凱龍星在白羊

座第一宮，據說這象徵著此人從小就是一個受傷療癒者。
（Reinhart, 2009）

　　榮格似乎對占星有一種天生的好感，甚至用占星來做自己
共時性理論的證據，他的女兒之一也成為了占星師。占星和塔
羅，也是在臨床中來訪者們經常提到的工具，用此來作為命運
的陰影基礎，塔羅老師們當然也寫了整合陰影的一些著作，這
些書都可以拿來參考。（Jette, 2000）

　　西洋占卜之書，既有塔羅又有占星，但是很多人還是喜
歡用《聖經》占卜。傳說蔣介石先生就經常用《聖經》占卜，
據說一九四九年雙十節，他就占到了《聖經》使徒行傳第 9 章
41 節——「彼得伸手扶她起來，叫眾聖徒和寡婦進去，把多
加活活地交給他們。」蔣先生在日記中寫下，「感謝上帝，使
我中華民國得由忠貞子民介石之手，能使之轉危為安，重生
復興也。」同年，他的陰影投射性認同客體毛澤東先生，則眺
望烽煙迷離的南京城，寫下詩句，「天若有情天亦老，人間正
道是滄桑」。此詩的第一句來自唐朝的李賀，「衰蘭送客咸陽
道，天若有情天亦老。攜盤獨出月荒涼，渭城已遠波聲小。」
充滿了感傷。處於克萊恩（Klein）所說的抑鬱心位，他被稱
為詩鬼，二十七歲就去世，不知道是否死於抑鬱症？

榮格分析師們和蔣介石一樣喜歡占卜，他們更偏愛《易經》，這部集歷史、詩歌、思想於一身的中國《聖經》。

　　強森在本書中，理直氣壯地引用了《易經》──「君子居其室，出其言，善則千里之外應之。」這是孔子註解《易經》中孚卦的話語。強森引用這句話，是為了反駁有些人可能反對靈光圖的使用，這些人認為靈修是個人的體驗，不具備可操作的特性。他大概並不認為《聖經》與《易經》構成了尖銳衝突。

　　羅傑・塞欣斯（Roger Sessions）是一位美國牧師，同樣不認為《聖經》與《易經》勢不兩立，水火不容。他提出《易經》六十四卦代表著六十四種原型，而所有《易經》的卦辭和爻辭，都被他改造為《聖經》的典故和名言。他使用《馬太福音》中的耶穌驅鬼的故事，來講解大畜卦。他指出在面對惡魔之時，耶穌的偉大力量，不在於臂膀粗壯，不在於欺凌貧苦，而在於目標堅定、自我約束和關愛眾生，故而耶穌沒有敵人，因其無有敵人，故可無敵於四海天下。所以是在講述一個權力情結陰影的故事，也是整合權力與大愛的二元對立的故事。（Sessions, 2015）

　　大多數榮格分析師們看到的衛禮賢版本的《易經》，其

實只是中國歷史上多種《易經》的一種，它主要是用於教化民眾，尤其是對周朝文武百官、皇親國戚們開展道德教化。教化的目的，當然是為了處理官員們的陰影——權力情結。

中國古人如同塞欣斯，也是經常敢於創新創作，在經典的基礎上重寫經典，比如漢朝的焦延壽，就創作了《易林》一書，在記錄大畜卦時，他寫下「朝鮮之地，箕伯所保。宜人宜家，業處子孫。」的占卜之詞。

這神祕的占卜之詞語，讓人們搭上時空飛船，從二〇二一年起飛，穿越硝煙彌漫的一九五一年的朝鮮戰場，回溯到三千年前，憂傷的箕子，無奈之下率眾逃離故鄉，他美麗的中原故土，在侄兒紂王的統治下，變成了一個極權主義的暴政政體。

在中國與朝鮮史書中，他成為了朝鮮的建國先祖。朝鮮人建立了箕子陵，瞻仰記念他上千年。直到三千年後的朝鮮戰爭，改變了歷史文化的版圖。志得意滿的金日成將軍，在一九五九年下令炸毀了箕子陵，一座年青的公園開放在平壤的大地上。秋日夜空的一輪明月，靜靜地觀察這紅塵變遷，天若有情天亦老，月若無恨月長圓。（孫衛國，2008）

箕子成為朝鮮之王，有賴於他的另一個侄兒——周武王——的冊封，周武王是紂王的表弟，紂王陰影投射的首要

續，無來亦無去，無所不在⋯⋯無限開展，穿透一切處，無際、無垠、無所束縛⋯⋯」，一切的二元對立都被整合，生本能 vs 死本能，自體 vs 客體，意識 vs 無意識，民主 vs 威權，中國 vs 美國，權力 vs 愛情，男性 vs 女性——「光耀如日月，安定如山丘⋯⋯純淨如蓮，強壯如獅，無比喜樂，超越一切限制，光照平等⋯⋯本初即已圓滿。」[5]

參考文獻

河合隼雄著，羅珮甄譯（2000/1987），《如影隨形：影子現象學》，臺北：揚智文化事業股份有限公司。

李孟潮（2016），〈靈魂煉金從人格面具開始〉，見：黃國勝著（2016），《隱藏的人格：一個心理諮詢師的人格面具分析》，北京：北京聯合出版公司。

梁韋弦（2009），〈關於《易‧明夷》六五爻辭之「箕子」的異說〉，《古籍整理研究學刊（3）》，1-4。

5　在中英文各種數據庫中，從心理學和精神分析研究決法（又名：斷法、施身法）的文獻只找到一篇，那就是施尼爾（Schnier）一九五七年發表在《國際精神分析期刊》（*International Journal of Psychoanalysis*）上的〈西藏喇嘛儀式：決法〉一文（The Tibetan Lamaist Ritual: Chöd）。這篇文章令人驚奇地展現出對西藏佛教和決法的熟悉，其中記載當年的某些決法修行儀式，如今的決法修行者也不見得就了解。

　　作者引用了克萊因理論，認為決法的操作是用於投射和處理口欲 - 施虐衝動的。文中的喇嘛們體現出高度的精神分析式的領悟性，因此作者比較精神分析與西藏佛教的類似之處，並寄希望於後續的分析師們可以更加深入地研究藏傳佛教。

孫衛國（2008），〈傳說、歷史與認同：檀君朝鮮與箕子朝鮮歷史之塑造與演變〉，《復旦學報（社會科學版）（5）》，19-32。

武樹臣（2011），〈從「箕子明夷」到「聽其有矣」──對《周易》「明夷」的法文化解讀〉，《周易研究（05）》，72-78。

【瑞士】榮格著，李北容、吳於群、楊麗筠譯，高嵐、張鰍原、遊瀟審校（2014），《情結與陰影》，見：高嵐主編，申荷永策劃，《榮格文集第七卷》，長春：長春出版社。

沈志中（2019），《永夜微光：拉岡與未竟之精神分析革命》，台北：國立台灣大學出版中心。

張大芝（1982），〈「箕子之明夷」新解──讀《易》箚記之一〉，《浙江大學學報（人文社會科學版）》，000（002），58。

趙汀陽（2017），〈箕子的忠告〉，《哲學研究（06）》，107-112。

趙汀陽（2021），〈一種可能的智慧民主〉，《中國社會科學（4）》，21。

Allione, T. (2008). Feeding Your Demons.Ancient Wisdom for Resolving Inner Conflict. New York:Hachette Book Group. 此書在微信公眾號「許艷麗心理學空間」有部分翻譯和介紹。 https://mp.weixin.qq.com/s/QDFXY7ham-37Yt0VQBjeDw

Beebe, J. (2007). Type and archetype Part 1: the Spine and its shadow. *Australian Psychological Type Review*, 9:2, 11-20.

Berry-Hillman, P. (1981). The Training of Shadow and the Shadow of Training. *J. Anal. Psychol.*, 26:221-228.

Brewster, F. (2017). *African Americans and Jungian Psychology: Leaving the Shadows.* New York: Routledge.

Driver, C. (2013). The 'Holy Mother' and the Shadow: Revisiting Jung's Work on the Quaternity. *J. Anal. Psychol.*, 58(3): 347-365.

Casement. A. (2006). Chapter 4: Shadow. In: Papadopoulos Eds. *The Handbook of Jungian Psycholoy.* London: Routledge.

Fordham, M. (1965). The Importance of Analysing Childhood for Assimilation of the Shadow. *J. Anal. Psychol.*, 10:33-47.

Groesbeck, C. (1978). Psychological Types in the Analysis of the Transference. *J. Anal. Psychol.*, 23:23-53 中文版見：許佳思翻譯的版本：https://t.zsxq.com/R3JmMvR，加微信號 13402007188 可免費下載。

Greene, L. (1976). *Saturn: A New Look at an Old Devil.* San Francisco: Weiser Books.

Hollis, J. (1994). *Under Saturn's Shadow: The Wounding and Healing of Men.* Toronto: Inner City Books.

Hudson, W.C. (1978). Persona and Defence Mechanisms. *J. Anal. Psychol.*, 23:54-62.

Hubback, J. (1972). Envy and the Shadow. *J. Anal. Psychol.*, 17:152-165

Jacobi, J. (1967). Die Seelenmaske. Olten, Walter Verlag (trans. E. Begg as Masks of the soul, London, Darton, Longman and Todd, 1976).

Jette, C. (2000). *Tarot Shadow Work: Using the Dark Symbols to Heal. St.Paul*, MN:Llewellyn Worldwide.

Jung, C.G. (1946). The Fight with the Shadow. In: *C.W.10*, Princeton University Press.

Jung, C.G. (1951). The Shadow. In: *C.W.9*, Part II, Aion , Chapter.2 , Princeton University Press.

Kast, V. (1990). *Der Schatten In Uns: Die subversive Lebenskraft.* Walter

Verlag. 中文版見：【瑞士】維蕾娜・卡斯特著，陳國鵬譯，《人格陰影：學會接納自己性格中的陰暗面》。

Kirschner, S. (1992).The myth of the sacrifice of the daughter: Implications for family-owned businesses, *The American Journal of Family Therapy, 20:1*, 13-24, DOI: 10.1080/01926189208250872.

Stanton, M. (2005). *The Black Sun: the Alchemy and Art of Darkness*. Texas A&M University Press.

Meredith-Owen, W. (2011). Jung's Shadow: Negation and Narcissism of the Self. *J. Anal. Psychol.*, 56:674-691.

Newmann, E. (1990/1949). *Depth Psychology and a New Ethic*. Boston: Shambhala Pressing. 中文見：【德】埃利希・諾伊曼著，高憲田，黃水乞譯，《深度心理學與心理學》，北京：東方出版社。

Perera, S. B. (1985). *The Scapegoat Complex: Toward a Mythology of Shadow and Guilt*. Toronto: INNER CITY BOOKS.

Reinhart, M. (2009). *Chiron and the Healing Journey (3rd Edition)*. London. Penguin Books. 中文版見：梅蘭妮・瑞哈特著，魯道夫譯（2011），《凱龍星：靈魂的創傷與療癒》，臺北：心靈工坊文化事業股份有限公司。

Samuels, A. Etc. (1986). *A Critical Dictionary of Jungian Analysis*. London: Routledge. 中文版見【英】安德魯・塞繆爾斯等著，穎哲華譯，申荷永校（2021），《榮格心理學關鍵字》，北京：中國人民大學出版社。

Schnier, J. (1957). The Tibetan Lamaist Ritual: Chöd. *Int. J. Psycho-Anal.*, 38:402-407.

Sessions, R., (2015). *Wisdom's Way: The Christian I Ching*. The Christian I

Ching Society.

Sidoli, M. (1988). Shame and the Shadow. J. *Anal. Psychol.*, 33:127-142.

von Franz, M. (1974). *Shadow and Evil in Fairy Tales, Revised Edition*. New York: Spring Publications . 中文版見：【瑞士】瑪麗-路薏絲‧馮‧法蘭茲著，徐碧貞譯（2020），《童話中的陰影與邪惡：從榮格觀點探索童話世界》，臺北：心靈工坊文化事業股份有限公司。

Zweig, C. & J. Abrams (Eds.) (1991). *Meeting the Shadow: The Hidden Power of the Dark Side of Human*. New York: Jeremy P. Tarcher, Inc.

Zweig, C. & Wolf, S. (1997). *Romancing the Shadow: A Guide to Transforming the Dark Side of Relationships*. New York: Ballantine Books: Random House.

導論

　　據說榮格最喜歡的故事是這樣：生命之水希望在地球表面上為人所知，於是以自流井的方式湧出，輕鬆自在地流著。因為生命之水純淨且充滿活力，人們引用了神奇的水，受到滋養，但並不滿足止於這樂園般的狀況，一步一步，他們開始把這口井圍起來，收取費用，宣稱自己擁有周圍的土地，制定誇張的法律規定誰可以使用這口井，並將門欄上鎖。這口井很快地變成了權貴人士的財產。生命之水因為受到侵犯深感憤怒，於是不再從井裡湧出，改從另一個地方湧出。擁有第一口井周圍土地的人太沉迷於自己的權力系統與所有權，沒有注意到生命之水已經不再湧出，繼續販賣不存在的水，幾乎沒有人發現真正的力量已逝。但有些不滿足的人抱持巨大的勇氣去追尋，因此找到了新的自流井。沒多久，附近的地主也將這口井占為己有，同樣的命運再次發生。生命之水又跑到下一個地方，歷史紀錄上不斷重複出現相同的事件。

　　這是非常悲傷的故事，榮格特別有感觸，因為他看到基本

　　　　　　　擁抱陰影：從榮格觀點探索心靈的黑暗面

真理竟然可以如此遭到誤用、顛倒，變成自我中心的玩物。科學、藝術，尤其是心理學，不斷經歷這種黑暗痛苦的過程。但故事的神奇之處在於，生命之水永遠會從某個地方流出來，聰明、擁有巨大勇氣的人永遠能夠找到這股流動的活水。

人類通常用水來象徵最深層的精神滋養。這口井忠於職守，一如既往，隨著歷史從過去一直流到現在，不過也會出現在奇怪的地點。生命之水常常從大家熟悉的地方消失，然後在最不可能的地方冒出來。但是，感謝主，水一直都在。

在本書中，我們會探討最近生命之水從哪些奇怪的地方冒出來。一直以來，生命之水不收費、常保新鮮，永遠呈現出活水流動的樣貌。最大的問題在於，水總是從人們沒有想過的地方冒出來。這就是聖經中這句話的意含：「拿撒勒還能出什麼好的嗎？」拿撒勒現在對我們來說是聖地，是救世主的誕生地。但在聖經時代，拿撒勒是貧民區，是最不可能發現聖靈顯現的地方。許多人找不到神所恩賜的活水，因為他們不知道會出現在不尋常的地方；活水很有可能再次在拿撒勒出現，然後和之前一樣遭到忽略。

其中一個沒有想過的地方就是我們自己的陰影，人格中所有遭到我們捨棄的特質都丟到這個地方。在之後的討論中我們

會看到，這些遭丟棄的部分其實極為珍貴，不應該忽視。就和活水一樣，我們不用付出什麼來獲得陰影，雖然難為情，但總是隨時隨地隨手可及。尊重並接受自己的陰影，是極為深刻的靈性修煉。這不但是整體圓滿而神聖的，也是人生中最重要的體驗。

陰影

陰影，這個總像爬蟲類尾巴一樣跟隨我們，在心理世界緊緊追逐我們不放的奇特暗黑元素究竟是什麼呢？在現代心靈運作中，陰影究竟扮演什麼角色？

　　人格面具是我們想要成為的樣子，也是我們想要讓世界看到的樣子。這是我們心理的裝束，是真實自己與環境之間的媒介，而實體的服裝則是我們營造出來讓他人看見的形象。自我（ego）是我們自身有意識地知曉的實際樣貌；陰影則是我們沒看見或不知道的自己。[1]

陰影的起源

　　我們出生時是個整體，也希望死亡時是整體。但在發展初期，我們吃了美好的知識之果，一切就劃分出善惡好壞，陰影也開始逐漸形成，而我們也分離了自己的生命。在文化發展的過程中，我們將天賦特質分成社會容許與不容許的兩類。這是個美好而必要的動作，如果沒有這種善惡好壞的分辨，就不會有文明的行為。但被拒絕與不容許的部分並不會消失，它們只

1　　原註：榮格在早期論述中使用的陰影，是這裡所描述的廣義定義，後來「陰影」一詞專指我們性別中失落的特質。本書中的陰影是廣義定義的陰影。

是集結在我們人格中的黑暗角落。等到潛伏的時間夠久，便會擁有自己的生命，也就是陰影人生。陰影是沒有以適當方式進入意識的部分，是我們的存在中受到厭惡的區塊，通常擁有與自我近乎相等的能量。如果累積了比自我更多的能量，就會以極度憤怒或輕忽審度的方式爆發出來，或是經歷背後另有原因的沮喪或意外。具有自主性的陰影，在精神病院中是可怕的怪獸。

　　人類最偉大的成就，亦即文明發展的過程，包含了剔除有危險的特質，也就是會阻礙我們的理想順暢運行的特質。沒有經過這個歷程的人都是「原始人」，無法在文明社會中找到立足之處。我們出生時是個整體，但不知為何，文化要求我們只活出某些本性，泯滅遺傳下來的其他部分本性。因為文化堅持我們的行為要依循某種特定的模式，我們把自己分離成自我與陰影。這就是人類在伊甸園吃了智慧之果後產生的久遠影響。文化帶走了我們內在質樸的人性，但賦予我們更加複雜又精巧的力量。當然我們可以強力爭辯，認為孩子不該太早經歷這樣的分離，不然就是剝奪了他們的童年。我們應該允許他們留在伊甸園裡，等到他們堅強得足以忍受文化進程，而不至於遭受傷害。每個人獲得這股力量的年紀都不相同，需要仔細的觀察

才會知道孩子是否準備好適應社會的集體生活。

　　到世界各地觀察各種文化如何區分屬於自我與陰影的特質，其實相當有趣，從這裡可以很清楚地看到，文化是一種人為影響的架構，卻又絕對必要。譬如開車，有的國家是左駕，有的國家是右駕。在西方，男性可以在街上和女性牽手，卻不會和另一名男性牽手；在印度，男性會和男性朋友牽手，卻不會和女性牽手。在西方，正式或宗教場合必須穿鞋表示尊重。在東方，到寺廟或是別人家裡卻不可以穿鞋進去。如果穿著鞋子進印度的寺廟，會被趕出去，要你學好規矩再回來。中東地方的人吃完飯的時候，打嗝是表示滿足，在西方這樣做卻很沒有禮貌。

　　分類的過程相當隨意。舉例來說，對某些社會來說，個體性是優秀的特質，但對其他社會來說，卻是極大的罪惡。在中東地方，無私是美德。偉大的畫家或詩人的學生，常常用老師的名字發表作品，而不是自己的名字。在作者我的文化，則是希望自己能夠愈出名愈好。現代社會急速擴張的通訊網路，縮短了我們彼此之間的距離，但對立觀點的碰撞衝擊也造成了危險。一個文化的陰影，會是造成另一個文化混亂的打火石。

　　令人震驚的是，有些非常美好的特質居然會劃分到陰影的

領域。一般來說，標準是普通、平凡的特質，只要低於標準都屬於陰影。但標準之上的也可能劃分到陰影的領域！我們的人格中一些純粹珍貴的部分會歸入陰影之中，因為在文化這個偉大的衡量架構下，它們無處可以容身。

有趣的是，比起隱藏自己的黑暗面，一般人更排斥陰影中崇高的面向。把躲藏在櫃子裡的骷髏拉出來反而容易一些，但擁抱陰影中的黃金卻讓人恐懼萬分。發現自己人格裡的高尚成分，竟然比發現自己是個窩囊廢更讓人感到混亂。當然你是既高尚又一文不值，但通常不會同時發現自己具有兩種相反的特質。黃金與更高層次的召喚相關，而且在人生的某個特定階段，那讓我們會很難接受。忽視黃金和忽視心靈的黑暗面一樣具有破壞力，有些人在學會如何淘選出黃金之前，會承受極大的痛苦或磨難。的確，我們可能需要這般強烈的經驗，才會明白自己很重要的一部分仍在沉睡或是沒有好好運作。在部落文化中，薩滿或療癒者常在歷經病痛之後得到治癒自己需要的洞察力，然後將智慧帶給族人。現代人的狀況也常是如此。我們現在仍然依循受傷療癒者（the wounded healers）的原型在運作，也就是他們學會如何治療自己，並從自身的經驗中找到黃金。

不管我們的源頭來自哪裡，或是成長於哪個文化，到了成年期，都會發展出清楚定義的自我與陰影、對與錯的系統，以及在兩邊的擺盪中取得平衡的方法。[2] 宗教的過程包括了要恢復人格的完整性。宗教，religion 意思是重新連結、重新拼湊回來，療癒分離的傷口。我們絕對需要在文化的過程中，從動物的狀態回到自我，而在靈性發展上，將我們分崩離析的疏離世界重新聚合恢復，也是同等重要。我們必須離開伊甸園，也必須得回到新耶路撒冷。

這就清楚地告訴我們，陰影必須存在，不然文化就不會誕生；然後我們必須恢復在標準的文化理想中失去的人格整體性，否則就會活在一種分離的狀態，讓演化的路途愈走愈痛苦。一般來說，人生的前半部專注於文化進程：學習技能、建立家庭，用一百種不同的方法讓自己養成紀律；後半生則專注於恢復人生的整體性（神聖化）。也許有人會抱怨，這只是

2　原註：在所有文化中，「自我」與「對」都被當成同義詞，而「陰影」與「錯」則是另一組同義詞。能夠清楚分辨對錯，並做出合宜決定的能力，這是極為強大的文化力量。這就是文化的「正義」，非常實際有效，但又不知變通。中世紀的異端審判，通常是斷定一個人有罪後，把他或她送上火刑台，這樣的決定背後必須要有不可質疑的基礎支持。西方心靈講求的個體性與自由信念，更強調了這種一面倒的態度。狂熱主義往往彰顯出尚未表現在意識中的、無意識的不確定性。

毫無意義地繞了一圈回到原點而已，唯一的差別只有最後的整體性是有意識的，而一開始的整體性則是無意識且幼稚的。演化雖然看起來像是做了白工，其實所有的痛苦與磨難都是值得的。唯一的災難只可能是在過程中迷失自我，找不到完成的終點。不幸的是，許多西方人正好受困在這個難以解決的問題中。

平衡文化與陰影

　　將人格想像成蹺蹺板，是一種很方便的比喻。所謂的涵化（acculturation），就是將天賦特質加以分類，把可以接受的部分放在蹺蹺板的右邊，離經叛道的部分放在左邊。絕對不能捨棄任何一項特質，這是必須嚴守的規則；只能移動到蹺蹺板上不同的位置。有教養的人，會把大家喜歡的特質放在右邊（正確的那邊）表現出來，把禁忌的特質藏在左邊。我們所有的特質都必須羅列在這份清單上，沒有一項會被捨棄。

　　還有另一項必須遵守的可怕規則，很少人知道，我們的文化選擇幾乎完全忽略的是，如果個人想要保持平衡狀態，那麼蹺蹺板也必須保持平衡。要是過於沉迷右邊的特質，就必須

在左邊放上相等的重量才能平衡，反之亦然。若不遵守這項規則，蹺蹺板就會傾向一邊，我們也因此失去平衡。這就是為什麼人會做出與自己平常行為完全相反的事，像是酒鬼突然大哭大鬧，或是保守嚴謹的人突然拋開一切規矩，都是因為蹺蹺板傾斜了，所以只好用蹺蹺板另一邊的特質來彌補，但是也無法持久。

如果超載的話，蹺蹺板也可能在支點的位置斷掉，造成思覺失調或崩潰，許多俚語都能夠精準地描述這樣的狀況。雖然常常會耗費非常多的能量，我們仍必須保持這種平衡的完整。

心靈保持平衡的精確程度，就像身體保持體溫、酸鹼值，以及許多其他精細的極性平衡一樣。我們對這些生理上的平衡習以為常，但卻很少認知到相對的心理平衡。

中世紀有一件泥金裝飾手抄本，生動地傳遞給我們這方面的資訊。圖中有一棵充滿藝術感的知識之樹，結了金黃的果實，從亞當的肚臍長出來。亞當看起來有點睏，好像完全不知道自己身上長出什麼。兩名女性站在樹旁。聖母瑪利亞在左邊，一身修女打扮，從樹上摘下果實，遞給那些排隊悔過、想要獲得救贖的人。夏娃全身赤裸站在右邊，也從同一棵樹上摘下果實，遞給那些排隊準備接受懲罰的人。在此，對於這棵產

出具有雙面性果實的樹有著生動的描述。真是一棵奇怪的樹！我們從這棵金黃的樹上摘下創造的果實的同時，也摘下毀滅的果實。我們其實非常抗拒這樣的景象！我們希望擁有創造不要毀滅，但這是不可能的事。[3]

我很遺憾，目前一般人抱持的態度，是最好能讓蹺蹺板的右邊，也就是好的那一邊，裝滿了聖與善。神聖性被描繪成完人的形象，能夠把一切都轉化成人格中完美的一面。這樣的狀況一點都不穩定，可能隨時都會翻船。平衡會被打破，讓生活過不下去。

支點，或說中心點，是整體性（神聖性）的所在。我同意我們必須運用良善一方精煉後的特質與外在世界連結，但同時要顧及左右兩邊的平衡才可以。基本上，我們必須在社會上藏起自己的黑暗面，不然就會讓人感到厭惡，但我們絕不能連自己都隱瞞。真正的神聖，或說個人影響力，必須要站在蹺蹺板的中心點，創造出能夠平衡兩邊的事物。這和我們心目中所設定，那種理想的良善感性面完全不同。

3　編註：該圖名為：Tree of Life and Death. *Miniature by Berthold Furtmeyer, from Archbishop of Salzburg's missal*, 1481.（生與死之樹。柏特霍德·福特米爾〔Berthold Furtmeyer〕的細密畫，收錄於薩爾斯堡大主教彌撒經書，1481 年出版。）讀者若有興趣，可於網路上查找。

當然我們擁有陰影！聖奧古斯丁在《上帝之城》（*The City of God*）一書中大聲宣告：「行動就是罪。」創造的同時也是在破壞。我們在產生光明的同時，一定也會產生相對應的黑暗。印度有創造之神梵天，有破壞之神濕婆，毗濕奴則坐在中間，連結對立的兩端，保持平衡。沒有人能夠逃避生命的黑暗面，但我們可以聰明地運用黑暗面。聖安東尼為他的榮福直觀付出代價，必須忍耐夜晚的恐懼景象，看著邪惡不斷經過自己面前。他承受相反兩邊之間的張力，最後獲得真正可以稱為「成聖」的最高洞察力。

　　光明與黑暗的平衡絕對可能存在，而且能夠承受。所有的生物都活在兩極之間，光與暗、創造與毀滅、上與下、男與女。[4] 因此在我們的心理架構中可以發現同樣的基礎運作原則，也就不那麼令人意外了。德文有個詞「doppelg änger」，意思是一個人的鏡像、一個人反面。歌德有天晚上在回家路上看到了自己的鏡像，也就是存在於人格中的另一個自己，因此深受啟發。幾乎沒有甚麼人能夠如此鮮明地與自己的陰影面對

4　原註：我們的語言已經失去用非常崇高的詞彙來討論黑暗、毀滅等位於上述相對詞組後者語彙的能力。人類哲學因為使用的語言而失去平衡。我們要如何描述黑暗，才能賦予與光明同等的尊嚴與價值？

面，但不管有沒有察覺，我們的心靈孿生就和鏡像一樣跟隨我們身邊。

　　大多數人以為自己是家中唯一的主人。要覺察並擁抱自己的陰影，是承認自己有著更多這個世界通常沒有看見的面向。榮格是這麼描述第一次直覺感受到心靈「另一個自己」的存在。

　　　我做了一個夢，嚇壞了我，也鼓舞了我。夢中，我身處某個不知名的地方，黑夜籠罩，我頂著強勁的大風緩慢而痛苦地前行。濃霧四起，我把雙手做成杯狀來護一盞隨時可能熄滅的小燈。一切均取決於能否保住它不滅。突然之間，我覺得背後有個東西正向我走近。我回過頭去，看見一個碩大無比的黑影跟在我後面。儘管我嚇壞了，但仍清醒地意識到，即使有危險，我一定得保住這盞小燈，以度過這個狂風之夜。

　　　醒過來後，我立刻意識到那個黑影是我自己的影子，在小燈的照射下，投影在飛旋的濃霧上。我知道這盞小燈就是我的意識，我的唯一一盞燈。與黑暗的力量相比，這盞燈雖然小而脆弱，但它仍是一盞燈，

我唯一的燈。

——榮格，《榮格自傳——回憶・夢・省思》

（*Memories, Dreams, and Reflections,* 1963）繁體字版，頁 130。[5]

　　榮格在高度精鍊的教育中成長，在嚴謹的瑞士清教徒家庭度過童年，長大後接受了紀律嚴謹的醫學訓練。長時間集中精神的習性，讓他擁有了非常專注的人格，但代價則是忽略了他夢中出現的那些黑暗、原始的面向。我們的意識人格愈是精純，就會在另一面建構出愈多的陰影。

　　這是榮格最偉大的洞見之一：自我與陰影來自同一個本源，準確地相互平衡。創造出光就會創造出陰影，兩者相依共存。

　　要擁有自己的陰影，就是來到內在中心這個無法用別的方式抵達的神聖之地。如果做不到，那麼就無法成聖，也無法了解人生的目的。

　　印度用這三個詞來描述神聖之地：薩他（sat）、赤他（chit）、阿南達（ananda）。薩他是生命的存在（大部分屬

5　編註：本段引自 Jung, *MDR*, p 131。

於平衡的左側）；赤他是理想的能力（大部分屬於平衡的右側）；阿南達則是啟蒙的幸福、喜悅、極樂——蹺蹺板的支點。薩他與赤他搭配在一起，具有充分的意識，然後生命的喜悅，阿南達因此誕生。擁有自己的陰影就能得到這樣的成果。

如果我們一切行為的出發點都是來自右邊，就會在知情之下或不知不覺地以來自左側的行為加以平衡。我們甚至不需要轉頭四顧，便會知道自己已經創造出同等分量的黑暗。這就是為什麼有這麼多的藝術家在私生活方面都一團糟。然而，還有更寬廣的創造力，能夠在作品中容納這些黑暗，並且在陰影中找到圓滿。這是純粹的天牛才能，擁有整體、健康與神聖的特質。這裡討論的神聖是最原始的定義：對我們自己的人性的純粹擁抱，不只是單方面不具活力或生命的善。

最近有位朋友問我，為什麼這麼多具有創造力的人生活會如此悽慘。歷史上充滿各式各樣關於偉人駭人聽聞、古怪異常的行為軼事。偏狹的創造力總是產生受限的陰影，更寬廣的才能召喚出更多的黑暗。作曲家舒曼最後瘋了；全世界都知道畢卡索人生最黑暗的一面；我們也常聽到一些天才具有一些不尋常的習慣。雖然擁有強大才能的人看起來遭到最多苦難，但我們所有人都必須覺察自己使用創造力的方式，以及伴隨才

能而來的黑暗面。創造藝術作品、讚美他人、提供幫助、美化住家、保護家庭，這些行為都會在蹺蹺板的另一邊產生同等重量，也會讓我們犯罪。我們無法抗拒自己的創造力，或是不用這種方式表達自己，但我們可以留意這種動能狀態，有意識地透過一些小動作來彌補、平衡。

瑪麗-路薏絲・馮・法蘭茲博士（Dr. Marie-Louise von Franz）與芭芭拉・漢納（Barbara Hannah）一起住在瑞士屈斯納赫特的一棟房子裡，她們有個習慣，就是如果哪個人特別好運，就要負責倒當週的垃圾。這是個簡單但很有力量的行動。從象徵手法上來說，她們是在釋放正面事物的陰影面。榮格常常這樣和朋友打招呼：「最近有沒有獲得什麼可怕的成就？」因為他也很清楚光明與黑暗之間只有一線之隔。

我記得有個週末，我耐住性子招待幾個待了超過預定好些天的挑剔客人，並以絕佳的耐心與禮貌應對苛刻的要求，在他們離開後，我鬆了一大口氣。完成這麼完美的工作，我覺得自己值得一點獎勵，就去了苗圃一趟，想為我的花園增添一些美麗的植物。而在我還沒弄清楚怎麼回事之前，我已經和苗圃的人打起來，弄得到處掛彩、悽慘無比。我沒能有意識地去照顧自己的陰影，而直接把陰影丟到這個可憐的陌生人身上。達成

平衡了，只是非常笨拙愚蠢。

　　許多女性因為承擔了男性創造力的黑暗面而犧牲受苦；許多男性因為背負著伴隨女性創造力產生的黑暗面而感到消耗殆盡。最糟糕的是，孩子通常必須擔負父母創造力的黑暗面。俗話說，政府高官的孩子難以相處，富裕人家的孩子則容易陷入毫無意義的生活。

　　除此之外，我們也會因為文化的發明遭到一些麻煩。我們活在歷史上最具創意的世紀，科技發達、旅遊便利，嶄新的自由讓我們脫離勞累的人生。學者估計，在一個普通的家庭中，需要二十八名僕人才能做好家電完成的一部分家事。真是個美好的年代！但陰影也無可避免地，以無聊與寂寞的方式呈現，剛好和我們所建立的這個高效社會完全相反。從全球的角度來說，我們不斷升級戰爭與政治衝突，以實現對於烏托邦和美麗新世界的願景。想要維持現代社會的高度創造力，就必須承認伴隨產生的陰影，並以有智慧的方式去處理維護。

　　那麼，我們如何能在不造成相同程度的破壞之下，創造出美麗或良善的事物呢？如果我們透過儀式認可了現實的另一面向，就有可能實踐理想、使出全力、寬容有禮、工作出色，過著優雅文明的生活。無意識無法分辨「現實」行為與象徵行為

的差別。這代表我們可以追求善與美，然後用象徵的方式釋放黑暗，這讓我們能夠好好維持平衡的左側。基督教信仰認為，如果可以在日落或至少在安息日前做到這一點，便能保有內在的和諧。

舉例來說：如果我在接待完難搞的客人之後，好好處理維護我的陰影，就不會把陰影丟到毫無戒備的陌生人身上。我必須尊重我的陰影，因為這是我整體的一部分，但是我不需要把陰影強加在別人身上。在客人離開後，一個五分鐘的小儀式或是承認自己陰影面的累積，就能夠滿足陰影，並保護我的周遭環境不受黑暗侵蝕。

有時候陰影會突然出現在工作中。我竭盡所能按部就班、認真努力地讓我的講課與著作展現最佳成果。如果不自我約束，紀律地進行，整個文化世界會每況愈下。但有時候剛好所有糟糕的事一起遇到了，因此讓我的陰影活躍起來。我盡可能忽視陰影，所以當陰影偶然閃現，我感到分外羞恥。但是如果我任陰影留在無意識層面，不用智慧的方式去處理，之後還是得付出糟糕至極的代價。如果我沒有盡速導正失衡現象，可能會口出惡言，顯現出我人格的劣根性，或是陷入沮喪的深淵。不論是聰明或愚蠢的方式，陰影都會用某種形式討回來。

所以這代表我必須兼具創造與毀滅，既是光明也是黑暗嗎？沒錯，不過我多少可以控制要如何或在哪一方面付出黑暗的代價。我可以在完成創意之舉後，接著進行一些儀式或動作，達到平衡。最好能夠在獨處時完成，不要傷害到周遭環境或身邊的人。我可以寫一些憤怒狂暴沒什麼意義的短篇故事（不需要思考太多角色設定，因為蹺蹺板的另一邊已經開始運作），或是進行積極想像，[6] 以尊重黑暗面。這些象徵性行為可以平衡我的生活，不會造成破壞，或是傷害任何人。許多宗教儀式都是設計來維持左手邊的平衡，發揮代價的功用。

　　天主教彌撒正是平衡我們文化生活的傑作。如果鼓起勇氣去觀察，就會發現彌撒充滿了最黑暗的元素：亂倫、背叛、拒絕、折磨、死亡，還有許多更糟糕的。但要到能夠盡可能生動地描繪出黑暗面，這些元素才能夠帶來天啟。如果我們抱持著高度覺察參與彌撒，會因為感受到恐怖而顫抖，也會因為彌撒的平衡效果而獲得救贖。如今，彌撒已經過度現代化，符合了文化過程，卻失去了許多原有的功效。任何人在做彌撒時都應

6　原註：參考本人著作《與內在對話：夢境‧積極想像‧自我轉化》（心靈工坊出版）中對此一技巧的說明。

該要臉色慘白、滿懷恐懼。[7]

十字架，基督教的中心象徵，是一座中央有兩根軸棍交叉的雙重蹺蹺板，這個架構除了平衡左右之外，也平衡了高低。一個人如果能尊崇十字架代表的平衡與包容，就會是真正的「寬容、包涵」（意味「整體」或「完整」），也就是兼容並蓄的境界。這個詞彙不該只限於宗教上狹義的解釋，而是需要恢復其原本寬廣的定義，如此才能提供最美好的啟示。

西方基督教自身的不平衡呈現在十字架上，其中一軸較另一軸長。在現實中，我們重視靈性元素多於大地、陰性與感覺的元素，因此會無意識地讓十字架朝下的部分大於另外三邊，做為代償。希臘東正教對這點的了解更深入，使用的是兩軸等長的十字架。

西方十字架會演變成現在的形式有其緣由。相較現在，基督教形成的那個時候，生活中大地與陰性面向的存在，擁有更大的空間。多數人從井中取水，交通往來是徒步或騎乘動物，辛勤耕地並收穫作物。他們聽從自然與性的支配。基督教想要

7　原註：彌撒的昇華平衡效果已大不如前，現在只好仰賴一些效果沒那麼好的方式。恐怖電影、黑幫史詩、暴力事件、花俏或震驚的新聞標題、偵探謀殺小說的盛行，一切都是為了平衡我們高度的生產力與創造力。但是與古老文化的精緻藝術相較，這些元素實在過於粗糙。

著重較不為人知的靈性生活面，這對於靠土地吃飯的人來說是正確的做法。但現今的狀況剛好相反。我們可能好幾個禮拜都沒機會赤足踩在土地上，都市人的生活也與種植作物無關。紐約市一家酪農公司的高層發現，大多數的可憐兒童竟然不知道牛奶從哪裡來，於是設計了一個攜帶式的小型擠乳器，到各地學校示範擠牛奶的過程。

對現代人來說，神學也必須畫出新的重點。原本的基本律法仍然適用，但我們需要不同的方式來達到整體的境界、平衡我們自己。理想狀態的十字架是等長的，但當我們檢視這種微妙的關係時，會根據不同的情況（男性與女性的角度就可能不同）和年齡，因人而調整。不管我們在哪裡找到真正的自己，都需要尊重生命中藏身於陰影的部分，恢復我們遺忘或忽視的特質。

拒絕自己本性中的黑暗面，反倒會儲存或累積黑暗，之後可能以鬱悶的情緒、身心疾病，或無意識挑起的意外等形式出現。整個社會崇拜光明面、拒絕黑暗面，目前我們面對的正是因此累積而生的種種黑暗現象，諸如：戰爭、經濟混亂、罷工、種族歧視。任一報紙的頭版都讓我們面對集體陰影的衝擊。不管喜不喜歡，我們都必須成為整體。唯一的選擇是，

有意識地帶著尊重，或是透過精神官能的行為，把陰影整合進來。蕭伯納說，唯一能夠取代折磨的只有藝術；意思是我們可以運用自己的創造力（以儀式或象徵的方式），或者另一種選擇，粗暴殘忍。

我們必須從有洞見與勇氣包容自身陰影的個人開始，才能修復這個分崩離析的世界。在人類內在投射機制的強力運作下，「外在的」事物其實幫不了忙。現代人心靈最危險的面向，就是以為自己的陰影屬於「外在」，在鄰居身上，在其他種族或是其他文化身上。這樣的傾向在二十世紀造成了兩次毀滅性的戰爭，並對現代世界的所有美好成就帶來破壞性的威脅。我們都痛恨戰爭，卻又集體朝著戰爭而去。這種混亂並不是來自這個世界有什麼怪物，而是我們每個人都有所貢獻的集體陰影所造成的。我們從第二次世界大戰可以看到無數陰影投射的例子。世界上最文明國家之一德國，愚蠢地將惡毒的陰影投射在猶太民族身上。人類歷史未曾見過這麼悲慘的災難，但我們仍天真地以為自己克服了問題。一九九〇年代初期，柏林圍牆倒塌，開啟了與蘇聯新的關係，人類進入短暫的幸福時期，相信我們已經脫離黑暗的日子。在多年冷戰之後，美國與蘇聯之間的陰影投射消褪，真可說是奇蹟。然而人類的創造力

還有更進一步的用途：我們會在無意識中收集這種關係所釋放的能量，將陰影放到別的地方！

才幾個月過去，人類面臨了另一個困頓的局面，背後有著可怕的科技力量在推動。美國介入波灣戰爭，人類再一次看到原始心理的興起：對立的兩邊都將妖魔鬼怪的形象投射在對方身上。這樣的行為，加上核武的威脅，讓這個世界實在難以承受。是否有任何方法得以阻止這種陰影互相對立的毀滅性戰爭？

西方傳統堅信，即使只有少數人達到整體的境界，整個世界都能得救。聖經中，神承諾，只要能在所多瑪與蛾摩拉找到一位義人，兩個城市都能獲得赦免不遭毀滅。我們可以拿掉這個故事的歷史背景，將之應用在自己的內在之城裡。陰影工作也許是幫助外在城市——讓世界更加平衡的唯一方法。

有句可怕的諺語說，每一個世代都應該發生戰爭，讓年輕人嘗到戰場的鮮血與混亂。軍人在我們的社會上地位崇高，只要看到閱兵、聽到軍樂，不論老少，任何一個男性都會感到熱血沸騰。即使像我這樣有意識地質疑戰爭及其在文明社會中扮演的角色，也無法對這種熱血沸騰的感覺免疫，一個寒冷的夜晚，我在史特拉斯堡看到法國外籍兵團特遣隊走在街上，穿著

迷彩軍服，團結一致、精神抖擻地唱著歌，我願意付出任何代價好加入他們。我自己的陰影現身，就在這一刻，奔騰熱血完全凌駕於理智與思考之上。

一整個世代可以過著現代文明的生活，不需要接觸到什麼陰影特質的層面。但可預期的是，這段時間大概只有二十年左右，之後，未曾發展的陰影就會爆發，帶來沒有人想要的戰爭，我們每個人，不分男女，都曾投入這股戰爭能量的累積。顯然地，對於展現陰影的集體需求，取代了個人包容黑暗面的決心，因此，有紀律、有創意的年代，後面總是跟著驚濤駭浪的大滅絕。當然有更好的方法處理陰影，只不過在這些方法成為常識之前，我們還是得承受這些以最強破壞力型態呈現的爆發。

榮格指出，成熟而有紀律的社會，才會發生第一次與第二次世界大戰那樣漫長又複雜的戰爭。他認為原始族群打了幾個星期的仗就會累了回家了，他們的生活比較平衡，不像我們遠離中心、往外探索，所以不會累積龐大的陰影。是我們這些文明人讓戰爭高度發展起來。因此，文明愈昌盛，就愈容易造成自我毀滅。神允許演化迅速進展，讓我們每個人都能拾起自己的黑暗面，與我們努力獲得的光明面結合，產生比兩者對立更

好的事物——這才是真正的神聖。

投射的陰影

如果無法有意識並尊重地讓平衡左側的陰影呈現出來，會發生什麼事呢？

除非我們保持覺知狀態，不然陰影永遠都是投射出去。也就是說，陰影會剛好落在別人或別的事情上面，讓我們不用負起責任：這是五百年前的處理方式，而我們大多數人現在仍卡在這種中世紀的意識中。中世紀的世界立基於陰影的相互投射。中世紀社會是靠著堡壘心態、盔甲城寨、武力奪取、男性對女性的絕對所有權、皇家贊助，以及城邦之間的互相圍堵而發展起來。中世紀社會幾乎完全是由以單一面向聞名的父權價值所掌控。甚至教會也參與了陰影政治的部分。只有我們稱之為聖人的個體（不是每一個都為人知曉或擁有名號）、本篤會修道院，以及一些祕密結社避開了這種投射遊戲。

如今，所有的產業都是為了讓我們能夠包容自己的陰影而生。電影工業、時裝設計與小說提供了能夠投入我們自身陰影的簡單途徑。報紙讓我們每天都會接觸到災難、犯罪與恐懼，

用這些外在的事物餵養我們的陰影本質，而非原本要靠我們每個人將陰影內化成自己統整人格的一部份。將自己的黑暗面投入外在於我們的事物時，人格就無法完整。但投射總是會比同化來得容易。

人類的黑歷史在於：人們強迫他人替自己背負陰影。男性將陰影加諸於女性身上、白人對黑人、舊教對新教、資本主義對共產主義、回教徒對印度教徒。社區的居民會尋找一個家庭做為代罪羔羊，讓他們背負整個群體的陰影。事實上，每個群體都會無意識地設定其中一名成員做為代罪羔羊，讓他背負起整個群體的黑暗，這是從文化初始就不斷發生的事。每年，阿茲特克人會挑選一對年輕男女來背負陰影，並進行活人獻祭。「魔神仔」（bogey）一詞的由來十分有趣：在古印度，每個聚落都會選出一個人擔任「魔神仔」。到了年底，這個人會遭到宰殺，藉此讓他帶走聚落所有的罪惡。人們對此獻祭心存感謝，於是選為鬼怪的這個人在受死前，都不需要做任何工作，還能想要什麼就有什麼。他被看作是來生世界的代表。因為魔神仔身上集中了集體陰影的力量，所以非常強大，所有人都害怕。不管是印度還是西方世界，我們到現在都還流傳著這種威脅：「如果不乖的話，魔神仔會把你抓走！」這就是用生命的

黑暗面嚇唬小孩要乖的方法。

　　舊約聖經中有許多用獻祭來驅逐民族陰影（原罪）的例子。當然，我們可以這麼說：古文明與中世紀的人能透過將陰影投射到敵人身上來處理陰影。但現代人不能繼續使用這種危險的方法。意識的演化需要我們統合陰影，才能創造新世紀。

　　這是個非常精彩的主題，但陰影通常是以卑微、世俗的方式呈現。我有個朋友，他的父親是退休的劍橋大學教授。家裡養的老狗很不親人，每年冬天都必須送去狗舍寄養。但等到春天把狗帶回來，整個家裡都亮了起來。老父親終於可以踢狗，而不是把陰影發洩在其他家人身上。為了處理自己的陰影而飼養寵物，這種情況其實不少見。

　　也許最大的傷害，是父母把陰影投射在孩子身上。這種常見的情況，讓大多數人必須非常努力才能擺脫父母的陰影，然後展開自己的成年人生。如果父母把陰影加諸在小孩子身上，會分裂這個孩子的人格，啟動自我與陰影之間的戰爭。孩子長大之後，就必須處理非常大的陰影（大於我們每個人都必須承受的文化陰影），同時也極可能會把陰影投射在他自己的孩子身上。聖經告訴我們：「必追討他的罪，自父及子，直到三、四代。」如果你想送給孩子最棒的禮物，讓他們以最佳的方式

展開人生，那麼就把你的陰影從他們身上移走。從心理層面來說，給予他們乾淨的血脈，是最棒的資產。同時你也能順便將陰影帶回自己個人的心理架構，也就是陰影產生的原點，恢復自己的整體性，在自我發展上更進一步。

榮格有一名個案，在進行分析時抱怨自己從來沒有做過夢。他接著說但是自己五歲的兒子夢境十分鮮明。榮格認為兒子的夢境是父親未曾運作的陰影，因此把這些夢境視為個案心理運作的一部分。一個月後，父親自己開始做夢，兒子也慢慢不會再做那種逼真的夢。現在，榮格的個案負起了自己的責任，而不是無意識地讓兒子擔負他的包袱。

我自己的父親躲在慢性衰弱症背後，幾乎沒有發揮什麼自身的潛能。因此，我感覺我必須面對兩個人生：我自己的人生，以及父親沒有活出來的人生。這是非常沉重的負擔，但如果我抱持著覺察的心接受挑戰，便能發揮出創造力。但是，這只有在年紀夠大、夠成熟，知道自己在做什麼的狀態下才會發生。通常這要等到我們進入中年，才能擁有這樣的智慧。

代代相傳的苦難通常比我們估計得要多。美國杜魯門總統任內在他的辦公桌上放了一塊牌子：「責任到這裡為止。」若是能夠不把自己的責任傳到下一代身上，就是給予他們最美好

的祝福。

　　常常有人問我，是否可以拒絕他人投射陰影在自己身上。然而，一個人如果要拒絕陰影的投射，就必須在一定程度上內化了自己的陰影。通常在接受到陰影投射之後，我們自己的陰影會因此爆發，交戰狀態無可避免。如果你的陰影就像瓦斯桶一樣，只等著火柴掉進去，那麼任何想要刺激你的人都很容易讓你成為箭靶。若想拒絕他人的陰影，不需要反擊，而是要像優秀的鬥牛士閃過公牛一樣。我記得一位很久以前來諮詢的女性個案，她的丈夫退休後的娛樂就是把自己的陰影投射在她身上。她每天都只能流著淚，看起來也無法阻止這樣的災難。我幫助這位女性練習拒絕丈夫的陰影——不是透過反擊，也不是抽離成冷淡不理睬的態度，而是專注於自己的中心，保持穩定。由於她不再上鉤，家裡連續很多天都因為陰影的力量而顫抖。最後丈夫發現自己的所作所為，兩人之間終於能夠進行高品質的對話。陰影回到了本源，變得非常具有建設性的力量。

　　甘地說過一句很有道理的話：「如果你遵循過去的正義法則，以牙還牙，以眼還眼，那麼全世界的人都會變成沒有牙齒的瞎子。」我們能夠拒絕陰影的投射，停止報復的無盡循環，只要讓自己的陰影在意識掌控之下，就可以做到。即便他

人的陰影出現在面前，但不做出任何回應，是一種不可多得的能力。沒有人有權利把他的陰影加諸在你身上，你有權利進行自我防禦。然而，我們都知道，這些攻擊的產生有多麼容易，而且符合人性。有時候，我們內在警醒的觀察者會往後退，說道：「蒙神恩典，倖免於難。」榮格過去常說，我們要感謝自己的敵人，因為他們的黑暗讓我們逃開自己的陰影。

不只對別人，也對自己來說，咒罵會造成極大的傷害，這是因為將陰影投射出去時，也會流失自我心理層面中的重要成分。我們需要與黑暗面連結，才能自我成長，而且無權為了擺脫不想擁有的怪異感覺，而將陰影投射在他人身上。但這裡的困難點在於，我們大部分人活在陰影互相交換的複雜網絡之中，不管是自己或對方，原本可能發揮的整體都受到剝奪。陰影也包含了許多能量，是我們活力的基石。一個開化成熟的個體，若具備強大的陰影，就會擁有非常多的個人力量。詩人威廉·布雷克（William Blake）曾經提及人類需要讓自我的這兩個部分和解。他說我們應該到天堂尋找形式，到地獄尋找能量，然後將這兩者結合。當我們能夠面對自我內在的天堂與內在的地獄，就會發揮最高形式的創造力。

在一般狀況下，我們需要阻擋陰影的投射，躲開他人瞄

擁抱陰影：從榮格觀點探索心靈的黑暗面

準我們發射過來的石頭與箭簇。但在某些特定的狀況下，如果能夠有意識地背負起他們的陰影，其實是會帶來相當正面的結果。有個關於這方面的精采故事，告訴我們如果往後退不採取任何作為，讓投射過程運作完，會發生什麼事情。從前，在一個日本的小漁村裡，有一名少女懷孕了，但仍然和父母住在一起。所有的村民逼迫她說出小孩父親的名字，要她一定要將叛徒指出來。在憤怒咒罵很久之後，少女終於坦白：「是村裡的禪師。」村民跑去找禪師對質。「啊，好吧。」禪師只說了這幾個字。

接下來幾個月，村民都瞧不起這位禪師。之後有個離開村裡好一陣子的年輕人回來，開口要求娶這名少女。原來他才是孩子的父親，少女為了保護他而編造了這個難以相信的故事。然後村民來到禪師身邊向他道歉。「啊，好吧。」他說。

這個故事表達的是等待的力量，等待其他人的陰影運作出結果。禪師的沉默，不去辯解或否認整個狀況，反而大大地幫助了村民。他留給村民足夠的空間，讓他們自己去解決這個問題。於是他們就必須去思考：「為什麼我們這麼容易就相信少女的話？為什麼我們就這樣與禪師對立起來？我們該如何面對自己內在感覺到的不適與焦慮？」

我們只有在一定程度上內化、掌控了陰影，並且沒有任何報復的意圖與想法，才有可能達到這種境界。我們必須記得，送出一份禮物，然後用隱藏在背後的陰影特質加以破壞，是多麼容易的事。

　　我們得到的建議，是去愛我們的敵人。但如果內在的敵人，也就是自身的陰影，正等著撲過來火上加油，那就實在不可能。但如果我們能夠學習去愛內在的敵人，便有機會去愛並救贖外在的敵人。

　　歌德的《浮士德》（Faust），也許是文學中最偉大的範例，演示了自我與陰影的相遇。一位蒼白枯竭的教授，因為自我與陰影之間的距離過於遙遠，來到了自殺的臨界點。他蹺蹺板所受的負擔已經大到即將斷裂。這時，浮士德遇見了和自己有著完全不同困境的陰影，以主人惡魔的形象出現的邪靈梅菲斯特。兩人相遇的能量爆炸極為強大。然而他們堅持了下來，這個漫長而生動的故事成為我們救贖自我與陰影的最佳指引。浮士德不再死氣沉沉，而是成為血氣方剛、充滿熱情的人。梅菲斯特懂得了是非黑白，也發現自己愛的能力。「愛」這個字

擁抱陰影：從榮格觀點探索心靈的黑暗面 ├───

在西方傳統上,非常適合用來描述自我與陰影的結合。[8]《浮士德》透過強大的渲染力告訴我們,自我的救贖只有在陰影的救贖能夠相匹敵時才可能發生。陰影被拉到意識層面之後,會變得較為柔軟、彈性、溫和。浮士德的人格因為加入了自身的陰影而變得飽滿。而他與梅菲斯特的相遇,則讓他變得完整。對梅菲斯特來說也是一樣。更好的說法是,不管是自我或陰影,若相對的另一半沒有成功轉化,就不可能得救。

就是這樣的磨合讓自我與陰影都回到最初的整體,也堪可比擬成癒合天堂與地獄的裂痕。路西法(陰影的另一個名字)曾經在天堂,是神的一部份。他必須在時間盡頭來臨時,回到自己應在的位置。神話如此恢弘的陳述,也適用於個人的心理運作:恢復陰影並找回否認的特質,是每一名男性與女性都要完成的任務。

8　原註:請參考本人著作《轉化:了解男性意識的三個層面》(暫譯,*Transformation: Understanding the Three Levels of Masculine Consciousness*)(舊金山:哈波・柯林斯出版社),詳細地研究了這部偉大的劇作。

陰影中的黃金

　　我曾寫過，陰影是一個人不被接受的黑暗部分。但我也說過，陰影也可能是把自己最好的一部份投射在另一個人或狀況上。英雄崇拜的能力就是純粹的陰影。這時，我們擁有的優秀特質受到排拒，只能投射到別人身上。雖然很難理解，但我們常常會排拒自己的優秀特質，反而尋找一個陰影來代替。十四歲的少年會崇拜十六歲的少年，讓他背負十四歲的少年還做不到的事情。幾個月後，十四歲的少年內化了這種能力，展現出就在不久前被他貶抑成陰影的力量。也許現在十八歲的少年變成了他的偶像，但之後自己也會迎頭趕上。成長通常會透過這種方式帶入發展過程的下一階段。今天崇拜的英雄特質，明天會成為自己的能力。

　　早期在我自己的分析中，我曾做過一個很嚇人的夢。在夢裡我吃掉了我當時崇拜的偶像史懷哲。這個夢，即使不要說得那麼誇大，也還是代表我必須接受自己某個與史懷哲相似的特質，然後別再將這個特質投射在外在的英雄偶像身上。當然在程度上有所差別，不過這個夢的確是在說我必須變成史懷哲。所有的英雄偶像都需要內化。當然，我自己幼稚的那個部分卻

用盡全力在抗拒這個成長發展的過程。

　　那時，我的疑問是：「怎麼有人可以活出那麼多人格面向？」史懷哲擁有音樂、醫學與哲學的博士學位，還是偉大的人道主義者。很明確地，他就是個文藝復興人。但是我不能讓他背負屬於我自己的潛能。鑽研自己的興趣，包括音樂、心理學與療癒他人，並將這些結合起來、發揮我百分之百的能力，是由我來作主。

　　如果去檢視為何我們會把自己最好的能力投射出去，可能會感到非常困惑。這似乎代表我們害怕天堂來臨得太快！從自我的角度來說，強大特質的展現可能會顛覆我們的整體人格架構。詩人艾略特（T. S. Eliot）在詩劇《大教堂謀殺案》中，用強烈的語言描寫了這種狀態：

　　　　主啊，原諒我們，

　　　　我們知道自己是普通人，

　　　　是會關上門坐在火爐邊的一般男女：

　　　　害怕神的祝福，害怕上帝之夜的孤寂，

　　　　害怕必須臣服，害怕遭受剝奪。

　　　　害怕人類的不公多於神的正義，

害怕窗邊的手、茅草屋頂上的火、酒館裡的亂

拳、被人推落入運河，

　　多於我們畏懼神的愛。[9]

　　我的好友傑克・桑佛德，是榮格心理學分析師，也是聖地牙哥的聖公會牧師。有一次我聽著他照著平時字句斟酌的風格，做嚴謹的講學時，卻說出以下驚世駭俗的言論：「你們必須了解，神愛你的陰影要比愛你的自我多得多！」我原本期待天上會有雷劈下來，或至少聽眾會大聲抗議，但沒有人說話。不過後來與他的對話中，則有再進一步的討論：

　　自我……主要工作是進行自我防衛，並朝著自己的抱負前進。所有會干擾自我的事物都必須被壓抑。這些（被壓抑的）元素……會變成陰影。通常這些基本上都會是正向的特質。

　　我認為有兩種「陰影」：（1）它是自我的黑暗

9　原註：T・S・艾略特的《大教堂謀殺案》（*Murder in the Cathedral*），收錄於《詩與戲劇全集：1909-1950》（*The Complete Poems and Plays: 1909-1950*）（紐約：哈考特出版社，1971年），第 221 頁。

擁抱陰影：從榮格觀點探索心靈的黑暗面

面，平時小心地隱藏起來不被自我發現，只有在人生遇到困難時才不得不展現。（2）它會因干擾自我中心的狀態，而受到壓抑；不管它看起來多麼邪惡，基本上都與真我相連結。

到了攤牌的時刻，神（真我）還是偏愛陰影多於自我，因為陰影雖然充滿危險，但更接近中心，也更真實。[10]

我們所處的時代，其實還沒準備好聆聽對於人性中光明面與黑暗面的重新評估。但如果想要避開可能會摧毀整個文明的衝突，就非聽不可。我們無法再承擔將自己未曾運作的部分加諸於他人身上的後果。

榮格提醒我們，要從精神分析個案的櫃子裡拉出骷顱頭不會太難，但如果想從陰影中挖出黃金會是天大的難事。人們害怕自己的優秀特質，不亞於害怕自己的黑暗面。如果我們在某個人身上發現黃金，通常對方會用盡力氣否認到底。這就是為什麼我們常常沉迷於英雄崇拜。崇拜史懷哲博士，要比自己展

10　原註：參考約翰・桑佛德的傑作《化身博士的怪奇審判》（*The Strange Trial of Dr. Hyde*）（舊金山：哈波出版社，1987 年），對於此一主題有更深入的探討。

現那些（沒優秀到那個程度的）特質來得容易得多。

就發現他人身上的黃金這方面來說，我的第六感頗為強烈，也十分樂於讓他們熟悉、認同自己擁有的優秀特質與價值。但更常發生的是，他們會全力抗拒整個過程，或者會認為是我擁有這些特質，而不是他們自己。這種對自身特質的反應，不但是有效的逃避，也是有效的拒絕。美麗（或價值）只存在旁觀者的眼中。

陰影中隱藏了非常巨大的能量。如果我們透過自我的運作，將所有已知的能力消耗殆盡，未曾運作的陰影便能和我們的生命打下美好的新契約。

但若是將陰影投射出去，可能會造成兩項錯誤：首先，我們對他人加諸的黑暗，或光明，都會對那人造成損害，因為這是讓對方揹起沉重的責任，扮演我們眼中的英雄角色。再來，丟開自己的陰影後，我們得到了淨化，但也失去改變的機會，並遺落了支點，也就是自我生命中充滿狂喜的面向。

有一次，一位明智的女士聽到我抱怨自己上台講學前總是疲倦不堪，於是告訴我如何獲得更多的能量。她教我可以在上台前找一個房間獨處，拿一條毛巾來，先把毛巾弄得非常濕、非常重，然後把毛巾包成球狀，用盡全力往地上扔，同時大

擁抱陰影：從榮格觀點探索心靈的黑暗面 ├──────

聲叫出來。我覺得這真是愚蠢至極，完全不是我會做的事。但當我做完這件事，走出房間上了台，竟然感覺到自己的雙眼充滿熊熊火光。我擁有了能量、精力與聲音，完成了一次真誠懇切、架構完整的演講。陰影給了我支持，而不是壓垮我。

如果能夠就形式上碰觸到自己的陰影，做出一些平常自己不會做的事情，便能從陰影得到一股巨大能量。我們可以從一件有趣的事實看到這樣的動力模式。鸚鵡學髒話比學日常用語來得快，是因為我們咒罵的時候用了很多力氣。鸚鵡並不知道這些字詞的意思，但卻能夠聽出其中蘊含的能量。即使是動物，也可以感受到我們隱藏在陰影中的力量！

中年的陰影

到了中年，人們開始厭倦在蹺蹺板兩頭不由自主地來回跑。如果夠警醒的話，我們會逐漸明白，最佳的狀態是中間地帶。出乎意料地，中間地帶不是我們害怕的灰色與妥協，而是充滿了歡愉與狂喜。宗教世界的宏偉願景，例如啟示錄中的記載與描寫，都是基於一種對稱與平衡的揚升感受。讓我們看到中間地帶是同時尊崇兩種極端的產物。古代中國稱之為

「道」，並認為中庸之道不是妥協，而是創造與合成。

我們無法在中間地帶停留太久，因為這裡就像刀鋒一樣，位於空間與時間之外。只需要片刻中間地帶的時光，就足以讓長時間的平凡生活擁有意義。印度流傳的警語說，如果接觸中間地帶太長的時間，就會失去方向而死。不過，對大部分的我們來說，不太會遇到這樣的危險。

比較適合西方文化的概念，是站在蹺蹺板的中間，兩腳各跨一邊，讓自己容易平衡。這不但尊重了二元性，也讓我們能夠取得兩邊的元素。兩邊都受到鍛鍊，也沒有發生嚴重的分裂。這不是灰色的妥協，而是強大又平衡的生活。

剛剛邁入成年時，我們幾乎都是在學習規矩。我們要為工作做好準備、學習社交禮儀、經營婚姻，並增進賺錢的能力。這些活動都無可避免地會產生巨大的陰影。有些元素我們必須捨棄、「不能去選擇」，才能創造出文明的生活。到了中年，文化過程大致上都完成了，而且非常枯燥，彷彿是將我們人格中的能量全部抽乾。而在這個時候，陰影的能量就變得十分強大。我們會突然被這種爆發所掌控，辛勤努力創造出的事物就這樣被顛覆。我們可能會戀愛、離婚、絕望地想要辭去工作，從單調的生活中鬆綁。這些都是非常危險的時刻，但只要我們

學習如何從陰影中獲得能量，並正確使用這些能量，這些危險時刻就能夠為全新階段的生活布置好舞台。

我曾經有一名以繪圖為業的個案，其工作是在成千上萬張賽璐珞片上畫眉毛，然後作成動畫。他非常擅長繪製生動的眉毛，除此之外就沒有畫別的了。一天又一天，一年又一年，結果有一天，他工作時突然抬起頭來，一邊咒罵一邊走出去。他因為中年危機來找我諮商，原本在專業上的得心應手，現在卻江郎才盡。我告訴他，他已經完全耗盡那個部分的生命，如果他希望能找到新的活力，就必須與未曾運作的陰影相連結。他的個性非常溫和，因此很難與陰影連結，不過忍不住的粗口給了他一個好的開始。如果這部分處理得當，就能帶來新的創意源頭，為他自己打下一份新的生命契約。但如果處理得笨拙，只會導致毀滅，型式與架構蕩然無存。天堂與貧民窟的差別，端看是否能夠有意識地覺察。

《今日心理學》期刊（*Psychology Today*）之前有一篇好文章，建議我們在五十歲的時候轉職。作者描述了多數人在事業達到頂峰，沒有什麼可以再學習的階段，產生的疲憊感。然後大膽地建議我們休息一、兩年，換到一個嶄新的職業崗位上重新學習。這時海軍上將可能會變成部長，製片家可能變成業務

員。

在東歐有一種教導成人語言的系統，也是妥善利用了這股能量，喚醒未曾運作的生命。在密集的研習課程中，學生會選擇一種與自己現實生活完全相反的身分。大學教授可能要扮演海盜，詐欺犯可能要扮演牧師。最驚人的能量爆發就是這樣產生的！這股能量幫助學生內化新的語言。但這樣的學習如果是以原本的一般人格來進行，可能不會這麼容易，還是要很辛苦。

儀式的世界

我曾提到可以透過一些儀式來接觸陰影，並與之建立具有創造力的關係。然而，要怎麼進行這種儀式呢？首先，你必須用雙手掌握自我與陰影的內容。這是一件非常難達成的工作！對於自己本質不瞭解的部分，其實沒有人能夠加以運用。中古世紀的英雄必須屠龍，現代的英雄必須把龍帶回家，與自己的人格統合起來。

在這個儀式中，你必須找到一種人格中屬於左手的內容，然後用某種合適的方法抒發、展現，但不能對右手的人格有所

損傷。可以用繪畫、雕塑,寫一個生動的故事,編一支舞蹈,焚燒或掩埋——任何可以展現這項內容但不會造成傷害的方式。如同之前所說,彌撒儀式中可以看到最可怕的各種事物,但是祭壇欄杆圍住的部分就像是容器一樣,而以超然態度進行彌撒的神父,則穿著祭袍,保護自己不受儀式太過強大的力量影響。他也會在彌撒開始前與結束後,在聖器收藏室進行自己的儀式,將自己與召喚而來的超人神力隔絕開來。要記得,象徵或儀式性的經驗同樣真實,和現實發生的事件造成的影響具有同等效力。

精神不會意識到外在事件與內在事件的不同。從真我的角度來說,陰影特質不管在外在或內在世界都能夠同樣運作。但文化只能容許這些被排拒的元素用象徵性的方式展現出來。所有健康的社會都擁有豐富的儀式文化。較不健康的社會則仰賴無意識的展現:戰爭、暴力、身心症、精神疾患與意外事故,讓陰影透過這些低階的方式進行。儀式與祭禮可以達到相同目的,而且遠比無意識的方法更有智慧。

全世界從古到今的儀式,大部分都具有某種程度的毀滅性:犧牲、燃燒、獻祭、放血、齋戒與禁欲。為什麼?這些是儀式性的語言,透過象徵的方式處理陰影,以便保護文化的存

在。我們很容易在思考上犯下錯誤，認為透過抹殺毀滅性的元素是保護文化，但其實只有將這些元素融合進來，才能啟動文化的能量。這就是為何真正的宗教儀式必須包含同樣多的光明與黑暗。如果再次重新檢視天主彌撒，就會發現毀滅與創造、邪惡與救贖的完美平衡。

所有的這些都與傳統思想相違背。我們目前的模式看起來是，如果做了什麼具有足夠創造力的事，就能打敗黑暗的力量，獲得勝利。但其實我們需要的是一種非常不同的解決方法。

創造的行為覺察到的是整體的現實，而不是部分的反應。我們因為對於光明的偏好，看不見更寬廣的現實，也看不見更寬廣的視野。現實（如果不是神的話，我真的也不知道是什麼）無法只從任何單一的視角發現，不管看到的事物多麼有魅力。我們必須從親身經驗的整體去體會。

法國瑪麗安東尼皇后的故事，讓我們看到為了融合陰影所做出的嘗試多麼觸動人心。這位皇后住在世界上最豪華的宮殿中，但卻感到人生窮極無聊。有一天，她決定要接觸一些與大地相連結的事物，於是命令在宮中的園子裡建造穀倉，好養幾隻乳牛。她想要當看看擠奶女工！然後法國最好的建築師受

雇建造了牛棚（現在到凡爾賽宮還是可以看到，因為非常美麗所以被保留下來），也有從瑞士進口的上好乳牛。一切都準備好的那天，皇后正要坐到三腳凳上，開始擠乳工作的最後一刻前，她覺得氣味難以忍受，於是叫僕人代替她擠奶。

　　皇后最初的衝動是正確的：她需要一些事物來平衡宮廷裡的拘謹。如果她持續這個擠奶的儀式，搞不好她的人生，還有法國的歷史，會有不一樣的走向。但是，最後她上了斷頭台。宮廷中與大地連結的一面以這種野蠻的行為展露出來，但那原本可能只需要透過單純的擠奶工作呈現。

　　瑪麗安東尼正確地嘗試用農務來平衡自己華美精緻的生活，但她還是沒有看透背後的意義，而抗拒了真實的擠奶動作。如果她能夠找出某種尊崇大地脈動的方式，並同時維持原本精緻的宮廷，那麼就真的太天才了。誰知道究竟有多少表面上毀滅性的事件，若是我們能夠透過儀式行為為陰影發聲，就可能避免的呢？

　　如果有勇氣擁抱相反面，我們的命運真的可以改變。就這個故事而言，擠奶是陰影中的黃金，是救命恩典。大多數的儀式會著重在人格的黑暗面，但記住黃金般的機會同樣來自相同的本源，也很重要。這些機會甚至比黑暗元素更難被我們整

合！

　　平衡的理想在美國人的生活中每天都可以看見，但很少有人注意到。仔細看看我們常在使用的一塊錢美元紙鈔。上面畫了一個金字塔，頂端有一隻眼睛。三角形的底部代表觀念的二元性。在自我與陰影的橫軸上，我們會看到成對的相反概念：對與錯、好與壞、光與暗。如果是用這種度量衡來思考，就只會看到無盡的衝突。但如果我們具有足夠的意識，就能將這些相互打架的元素統合起來，成為位於中央尖端的全知之眼。在一元鈔票上，眼睛是高於相反的兩端，代表其優勢位置。

　　這個中央位置所散發的光沒有與之相反的事物。和聖杯城堡一樣，中央位置獨立於時空之外，而且是處於超越的時刻之中。[11] 一瞬間，看起來像是灰色妥協的動作變成了光輝燦爛的融合。聖經告訴我們：「你的眼睛若瞭亮，全身就光明。」（馬太福音，6:22）單隻眼睛、蹺蹺板的支點，都是領悟的第一步，代表了意識全新的規律。一元鈔票上的題詞「時代新秩序」，承諾了一個新的時代。

11　原註：參考本人著作《他：了解男性心理學》修訂版＊（紐約：哈波出版社，1989 年）對於聖杯城堡的敘述。＊編註：該書中文版為《他與她：從榮格觀點探索男性與女性的內在旅程》（心靈工坊出版）的第一部〈他〉。

浪漫愛情化身陰影

有史以來最具力量與價值的投射，其實是戀愛。這樣的發現實在讓人驚訝。戀愛也是陰影投射，也可能是我們能夠體驗到最為深奧的宗教經驗。大家要記得，榮格早期是將陰影定義成人格無意識部分裡，所包含的任何事物。也要記得，我們現在要討論的是戀愛，而不是愛人。

　　戀愛是將自身最為崇高、無比珍貴的部分，投射在另一個人身上。雖然有時在極為罕見的情況下，可能投射在事物，而不是人類身上。有些人會把他們神聖的能力投射在事業、藝術品，或甚至某個地點。要說這些人戀上了醫學、畢卡索的畫，或歐海谷，都是非常正確的語言使用。然而，這裡討論的大多數例子，都是來自在另一個人身上看到我們自己的神性。如果要讓檢視的條件更加困難，就必須再加一句：我們在他人身上看到的神性的確存在，但除非去除掉自己加諸的投射，否則是沒有權力看到的。這多麼困難啊！要怎麼說投射不是真的，但所愛的人的確擁有神性？要分辨其中細緻的差別，是人生中最精巧而困難的任務。

　　浪漫愛情或戀愛，與愛人完全不一樣。愛人一直是更寧靜、更具有人性的經驗。而戀愛總是比較誇大，或更引人注目。

投射神的形象

　　戀愛是將陰影中黃金精華的部分，也就是神的形象（陽剛或陰柔皆可）投射在另一人身上。此人立刻成為一切崇高神聖事物的載體。在讚美所愛的人時，總是滔滔不絕，用盡一切聖潔的語言。但這種經驗完全是來自蹺蹺板的右邊，也無可避免地會召喚相反的事物。當戀愛轉身一變，就會成為最苦澀的人性體驗。西方大部分的婚姻都是從投射開始，接著經過一段幻滅的時期，最後，在老天保佑之下，變得更為人性。意思是說，婚姻變成立基於深刻的現實，也就是另一半這個人。戀愛比較接近神的存在，但立基於現實的愛更為符合我們渺小的狀態。

　　雖然這時候不會有人有注意到，戀愛其實抹滅了所愛之人的人性。與人相戀，其實是用一種奇特的方式在侮辱對方，因為我們眼中看到的是自己對神的投射，而不是對方本身。若兩人相戀，他們會有一段時間是踏著星塵漫步，從此幸福地生活在一起。但這是在神聖經驗為他們抹去時間意義時才會發生。只有在他們回到人間著地時，才會用真實的眼光看著對方，成熟的愛情也才有可能存在。如果其中一方處於戀愛的狀態，另

一方並沒有，那麼較為冷靜的那一方可能會說：「如果你能真實地看著我，而不是你想像中的我，那麼我們兩人之間的關係會更好。」

詹姆斯・瑟柏的一篇漫畫描述了婚姻幻滅的階段：一對中年夫妻在吵架說：「好吧，是誰讓我們婚姻中的魔法消失了？」的確，當戀愛的投射耗盡，另一邊的現實，以及人際交流中最為黑暗的可能性，就會取而代之。如果我們能夠熬過這個階段，便能夠擁有人類之愛，雖然比神聖之愛來得不那麼刺激，但卻穩定得多。

在婚姻中，陰影扮演重要的角色。要建立或破壞一段關係，端賴我們是否能覺察陰影。我們忘了在戀愛時，也必須逐漸接受在對方身上發現的那些惱人、討厭，甚至完全不能忍受的地方，還有我們自己身上的缺點。但也正是這種衝突讓我們獲得大幅成長。

最近我聽到有一對夫妻很有自覺地在婚禮前舉行了一個召喚陰影的儀式。在他們結婚的前一晚，兩人交換了「陰影的誓約」。新郎說：「我會給妳一個身分，然後讓全世界都把妳看成是我的延伸。」新娘回應：「我會做個順服甜美的妻子，但私底下我擁有真正的控制權。如果哪裡出錯了，我會拿走你的

錢和房子。」接著他們用香檳乾杯，真心地笑看自己的缺點，知道在婚姻的過程中，無法避免這些陰影的出現。他們做了超前部署，因為覺察到陰影的存在，並揭露了真相。

將我們心中神的形象投射到另一半身上，和投射黑暗、恐懼與焦慮一樣危險。我們對所愛的另一半說：「我期待你能給予我神聖的靈感，成為我創造力唯一的來源。我會給你改變我人生的權力。」藉由像這樣的方式，我們是希望另一半接手在過去由屬靈操練負責的工作：讓我們成為新造的人、救贖我們、拯救我們的靈魂。

十二世紀，浪漫主義時代從西方集體無意識中誕生，特別的事情也發生了。我們發現在另一個人身上看見神性的方法。東方世界其實更早就知道這件事情，但僅限於智者與門生這種師徒關係中。東方世界注意到這種經驗的強大力量，所以設下限制，讓這種力量只能在宗教的脈絡中發生，而不可以用於一般世俗的人際關係。把這樣的力量放在一個有足夠空間可以承受的載器中，是很聰明的做法。西方文化是透過一般的人際關係尋找神性，這樣的載器缺乏東方師徒關係的寬廣度。

浪漫愛情這種戀愛的力量，是比較近期才出現在歷史中。透過戀愛的力量，西方人文精神鬆綁了人類能夠展現最崇高的

感覺，讓我們準備好接受自己能夠理解的最大磨難。幾乎每本現代小說都在描述想要戀愛的強烈動機，或是失戀和單相思的煎熬。不論好壞，現代人文精神擁有浪漫的力量。從好的一面來看，這是人類擁有最高層次的能力。由壞的一面來看，那也許是我們所知最痛苦的經驗。這股在十二世紀種下的微風，到了二十世紀成長為旋風。

　　我們繼承了十二世紀出現的兩個神話。聖杯神話探討的是個人與靈性追尋之間的關係。崔斯坦與伊索德的神話，則讓我們了解浪漫愛情的力量。兩個神話都在暗示一種能夠直接感覺到神的新能力。但這種高漲的經驗能否內化，還有待探究。在這兩個偉大的神話出現之前，西方人文講求的是在一個集合的空間讚美神的偉大。神常駐在教堂的聖壇，不會直接碰觸到個體的私人生活。我們是從個人小宇宙的角度來崇拜神，表現出合適於自己渺小位階的姿態，非常安全、理智、儀式化。時至今日，所有其他文化也都還是如此。但在十二世紀，我們擁有了難以置信的機遇，透過個人的方式接觸神高強度的力量。在這兩個神話中，人類可以說：「摩西可能無法直接看到神，但我可以！」了解這兩個神話就是了解現代的矛盾。真正的神話會讓我們了解整個文化的脈動，通透整個文化的特質與命

運。[1]

　　崔斯坦與伊索德則是告訴我們浪漫愛情的結果，也就是當我們將神性投射在另一個人身上時，會造成怎樣的陷阱。在我們嘗試混合不同層面後，就會驚駭且直白地發現，混亂隨之而來。這就像把家中的電路接上一萬伏特的電源，但一百一十伏特的一般家用電路無法承受這種超載。雖然一萬伏特感覺很厲害，但只有在能夠承擔這種電流量的載器中才能維持。一般人無法熬過一萬伏特的衝擊，但我們的文化規定所有的婚姻都要以一萬伏特的經驗為基礎。婚姻能夠持續，是因為雙方都降到一百一十伏特的人類層面，並學會了相愛的藝術。

　　比起一萬伏特過於華美的演出，一百一十伏特的愛其實更有價值，也更能容易讓人同化吸收。符合人性比例的愛，遠比一躍升天的浪漫愛情更為珍貴。

1　原註：參考《他》＊對於聖杯神話的探討，以及《戀愛中的人：榮格觀點的愛情心理學》（心靈工坊出版）對浪漫愛情的探討。＊編註：《他》一書後與《她》兩本合一，中文版書名為《他與她：從榮格觀點探索男性與女性的內在旅程》，亦為心靈工坊出版。

浪漫主義的個人經驗

崔斯坦與伊索德的故事，是一對情侶揭開了習俗保護的面紗後，被丟入某種兩人都無法存活的現實中。他們意外喝了原本準備給國王與皇后的愛情靈藥，讓他們獲得無法掌控的強大神聖力量。自古以來，幾乎沒有人能夠從這樣的經驗中生還。最好的情況，是我們會獲得讓自我成長的新能力，但這需要足夠的時間。而最壞的情況，則會因為我們將龐大且超越人格的事物納入自己的力量，而犯下不可饒恕的罪。無論如何，我們現在都體驗到了一萬伏特的能量，而且處理得非常不好。

人類可能不會想要歸還這種可怕的力量。即使願意，我也不知道是否能夠把力量還回原本的地方。現代人發現自己陷入了這種擁有了自己無法承受的力量，但又無法還回去的矛盾狀況。

崔斯坦與伊索德的神話，只要是戀愛的情侶都會上演一次。不過如果能在這段關係中時時保持意識的覺察，就有機會促進關係的演化與成長。要是能同時覺察神的光輝具有光明面與黑暗面，這種經驗就不會以幻滅與苦澀收場。

許多世紀之後，我們突然能夠接觸到神的化身與形象。當

然，會需要一些時間等待這種經驗成熟與穩定。

擁抱存在於陰影中的力量，是一項深具挑戰性的任務。所謂的擁抱並不是去擁有，因為自我這個載器太小了，會被脹破而失去控制。如果人們想擁有陰影，可能會宣稱自己就是神，或是宣稱神已經死了。不論是哪一種說法，都很詭異。尼采就是極為靠近這樣的狀況，並付出自己的理智做為代價。投射這股力量，是讓另一個人背負起無法承受的超人特質。其實，人們應該要從宗教方面著手，去尋找方法逐漸接受這股超越個人的力量。

我還記得自己三十幾年前做過的一個夢，呈現出我人生中的矛盾：

　　有一只戒指，能夠讓戴著的主人擁有不可思議的力量，像是隱形、立刻傳送到自己想去的地方、獲得他人的力量等。但日子久了，主人獲得的力量會逐漸消失，然後戒指會轉而控制主人。有個完全受到戒指的掌控年輕人戴著戒指跑向我，他因為戴著戒指的時間很長，所以已經失去了隱形等等能力。警察追著他想要拿走這只危險的戒指，以免年輕人用戒指做出

無法計量的傷害。他逃不過警方的追捕，因為戒指的神奇力量已經消失，只剩下黑暗的掌控。他跑向我，把戒指丟到我的手上，然後警察改往我的方向蜂擁而來。我身為戒指的新主人，能夠招喚戒指所有的魔力，輕鬆逃過警方的追捕。但我知道，自己二十年後會和這個年輕人的處境相同。在戒指完全掌控我，讓我感覺到無堅不摧的高漲魔力之前，我只剩下五秒鐘的清明。就在這五秒間，我將戒指高舉過頭，用盡全力把戒指扔到地上。就在這時候，警察來到我身邊，我們通通跪在地上確認戒指摔得粉碎，一片碎片都不留，以免讓人重新陷入這個輪迴。我們沒找到戒指的碎片，只看到地上有金色的痕跡，代表戒指消散融入大地。警察向我道聲恭喜，然後我們到附近的池塘邊欣賞金魚。

這個是一個普通人決定把超越個人的偉大力量歸還大地，而不納入自己個人系統中的故事。在生命中的重要時刻，總是有機會分辨哪些事物屬於自己，哪些不是；也總會出現能夠做出決斷的理智時刻。如果錯過這個機會，人們就可能沉醉於自

己會誤用的新力量。

　　面對浪漫愛情的力量時，也是同樣狀況。在婚姻中，我們同樣只能握住戒指幾秒鐘，不然就會受到一萬伏特的電擊，因為我們看到了另一半身上的神性。這不是平凡的人類能夠承受太久的經驗，因此我們必須記得把這股能量再度還給神與大地。如果我們能夠窺見婚姻中的神聖力量，然後再退回到平凡人的能量，就不用面對和崔斯坦與伊索德一樣的結局。

　　另外還有一個非常古老的故事，警告我們必須停下來，將神祇視為所有關係的本源加以敬重。這個故事源自古希臘，女主角名為亞特蘭緹（Atalanta），她強大又聰明，也是全國速度最快的跑者。她曾和傑森（Jason）一起尋找金羊毛，甚至與男性比賽摔角。她在被催婚時宣告，只會接受能夠跑得比她快的追求者。亞特蘭緹非常像現代的女性，志向遠大、才華洋溢，在男性的世界中優游自得。問題是，她對於兩性關係的藝術一無所知。

　　有一天，希波莫涅斯（Hippomenes）這名青年愛上了亞特蘭緹，並請求阿芙洛黛蒂女神（Aphrodite）給予協助。阿芙洛黛蒂也覺得這位不在乎自己美貌的少女很有趣，因此給了這名追求者三顆金蘋果。在賽跑時，希波莫涅斯把金蘋果丟在亞特

蘭緹腳邊，趁著亞特蘭緹停下來撿蘋果時，年輕的追求者便向前衝去，贏得了美嬌娘。但是，哎呀，這對熱情如火的情侶忘了到阿芙洛黛蒂的神廟還願，就迫不及待地舉行婚禮。女神非常生氣，就把兩人變成獅子，讓他們負責拉著自己的座車在天上飛。

古代世界對於浪漫愛情沒有任何幻想，他們知道這種感覺來得急、來得快，是神恩賜的禮物。這時候就比較不會有高漲的感覺：人類只是盛裝神聖能量的器具。今天，當這股能量降臨到我們身上，我們就會需要一個感恩的儀式來承載，也需要將能量返還到正確本源的方法。

宗教經驗中似非而是的悖論

當我們有意識地接觸陰影，其實是在檢視自己人格中平時幾乎是會閃躲與避免面對的強烈層面。也因此，我們進入了悖論（paradox）的範疇。

悖論會源源不絕自行產出意義，是現今世界的人類極為渴求的事物。所有的偉大神話都會在這個主題上著墨，提醒我們寶藏都是在最不可能或最為冷門的地方發現。拿撒勒還能

出什麼好的嗎？自家後院會埋了什麼價值連城之物嗎？就內在生命來說，自己的陰影又展現什麼優點呢？奇怪的是，最好的總是來自這種受到忽視的角落。我們會盡一切的努力避免這種痛苦的悖論，但愈是拒絕承認，就愈是將自己限制在這種無用的矛盾經驗中。矛盾（contradiction）會帶來壓迫且無意義的重擔。只要是有意義的事，再痛苦也可以忍耐，但無意義的話就一點都不能承受。矛盾充滿荒蕪與毀滅，但悖論卻具有創造力。悖論大力地擁抱了現實。在歷史脈絡中的所有宗教經驗，都是以似非而是的方式呈現。看看基督教的教條，都是用似非而是的語言寫成。矛盾是靜態，也不具生產力。悖論則為恩典與奧祕創造了空間。

舉例來說：所有的人類經驗都可以用似非而是的相對方式呈現。牆上的插頭有兩孔，分別接上正電與負電，透過正負電的相對，於是產生有用的電流。白天要和夜晚相對才能讓人理解；陽性要與陰性成對比才能產生關聯。活動只有與休息擺在一起才有意義。品味是一種比較出來的差別。上必須相對於下才能存在。北方如果沒有南方，要如何成立？我如果沒有你，會在哪裡？沒有清醒的襯托，哪能感覺到狂喜？

因為某些無法理解的原因，我們通常拒絕承認現實中充

滿悖論的狀態，甚至還會傻到覺得自己能夠避開。在這麼做的同時，我們就把悖論中的相對變成了對立。休閒與工作分開之後，兩者都變質了。等到被困在這些對立之間，個人的磨難就此展開。如果試著擁抱一方，卻沒有給予另一方讚賞，就會讓悖論降級成為矛盾。然而，對立的元素必須獲得相同的敬重；自己因困惑而苦惱（suffer），是療癒的第一步。[2] 接著，矛盾的痛苦才會轉化為悖論的奧祕。

我所知道讓一個人最快崩潰的方法，就是給他兩套互相矛盾的價值觀。這正是我們在現代文化中遇到的事：安息日遵守的道德規範，和平日其實就不一樣。基督教要我們依循的價值觀，在平日的世俗生活中幾乎是完全被忽略。這叫我們要如何自處？

到了某些時候，尤其是邁入中年，人生過於緊繃，兩套對立的觀點需要不同以往的嶄新方式來處理。我們無法再允許自己被對立的觀點撕扯。壓力如此之大，總有一方要退讓。

我們痛恨悖論，因為實在是非常痛苦，但悖論卻又能讓我們直接體驗到超越平時參考架構的現實，產生一些偉大的啟

2　原註：「suffer」（承受苦難）一詞非常具有啟發性，源自於拉丁文的「sub plus ferre」，意思是忍受或允許。

發。悖論強迫我們超越自我，打破了天真又不合宜的自我調適。大部分時候，我們會同時支持這兩套對立的觀點，避免衝突發生。這是許多現代人的特質。在日常生活的一天當中，我們就會遇到無數次意見分裂的狀況。我需要去工作，可是不想去。我不喜歡鄰居，卻必須與他有所往來。我應該要減重，但有些食物真的割捨不下。經濟負擔實在很大，可是……。這些都是我們一直會遇到的矛盾。但這些虛像，即使很痛苦，還是必須被打破。我們無法就這樣抹去平衡的其中一邊，但可以改變自己看待問題的方式。如果接受了這些對立的元素，以全副的心神意識忍受兩者互相撞擊，我們就是在擁抱悖論。容忍悖論的能力，與精神力的強弱成正比，也是成熟與否最具指標的象徵。

要從對立（永遠在爭吵）進階到悖論（永遠處於神聖狀態），需要的是意識層次的跳躍。這種跳躍帶著我們越過中年的混亂，啟發了接下來的人生願景。

透過列出我們所面對的對立元素（oppositions），並試著將這些元素重新定位在悖論的範疇中，是非常有價值的練習。我們可以從以下這兩組價值開始：幾乎所有人都同意的日常實際態度，以及我們所接受到的宗教指引。

實際價值（Practical Values）	宗教價值（Religious Values）
贏	輸
收入	支出
飲食	齋戒
主動	被動
獲得	付出
擁有	變賣一切，分給窮人
財產	貧窮
活動	回應
性	獨身
決斷	觀察
自由	服從權威
選擇	責任
民主	順服
敏銳的意識	冥想的意識
清醒	狂喜
聚焦	願景
「多比較好」的信念	「少比較好」的信念

　　不太有人會對以上列出的實際價值有所爭議。贏是好的；
接受在價值觀的尺度上也屬於正面；好的收入十分完美；飲食
就是生活本身；主動可以讓事情完成；獲得是責任的勳章；擁
有可以支撐社會，成為一個有內容的人；財產提供了安全感；
忙碌是一種美德（閒人愛做歹）；性是生命的基石；決斷讓我
們可靠而有生產力；自由是政府組織的發條；選擇是自由人類

神聖不可侵犯的權利;力量代表效率;聚焦的意識是原始人類半夢半醒狀態最佳的解毒劑;清醒非常重要;每個人都知道多比較好。

這些美德是西方社會無庸置疑的績優股。文化是以這些價值為根基,並透過這些價值創造出最佳成果。

但另一份清單,宗教的價值呢?我們幾乎每個禮拜天都要聆聽講道,這些價值觀是基督教文化的底蘊。講壇傳來的教誨告訴我們:施比受更為有福;變賣一切,分給窮人;齋戒可以獲得靈性的美德;把另一邊臉頰也讓人打;「虛心的人有福了,因為他們必得見神」;「沒有一人說他的任何東西是自己的,都是大家公用」。在勤勞的馬大與安靜的馬利亞的故事中,我們知道馬利亞是較好的那位。獨身是最高境界,是成為基督教模範,也就是神父與修士的必須條件。我們也被教導:不要論斷;所有的問題都要詢問權威;選擇要讓高位的人決定;順服是最崇高的德行;有權力就沒有愛;因為禁食或精疲力竭造成的輕微迷幻狀態,能夠讓我們看到神視;狂喜是每一位基督徒與生俱來的權利;飲用聖血的欣喜,是人生的目標。

多麼矛盾啊!但我們每個人都活在這種矛盾中,無論是否意識到自己在遵守這些基督教美德。這些德行建構在我們的

語言、風俗習慣,與傳說故事裡。美國憲法的基礎是自由與民主,也就是自己作主的權利。但宗教的教導則讓我們服從於比個人自我更大的力量。我們接受神的意志指引。最明顯能看到這種矛盾的地方,恐怕就是在硬幣上的那句「我們信靠神」。難怪會出現要抹去這句話的運動,因為大部分人不再信靠神了!

每一次我從印度旅行回來,都會沉浸在那塊神祕大陸的宗教態度中,不由得認真思索起印度教與佛教關於「不選擇」的教義。這些教義告訴我,神的意志永遠單一。如果覺得可以在兩個相對的選項中進行選擇,那麼就是自己的功課還沒做完。只要釐清議題,該怎麼做就非常清楚明瞭了。沒有什麼需要選擇,因為神擁有合一的心智,沒有二元的區分。

我消化著這樣的教誨,打開一封朋友的來信。他所屬的機構有這樣一句標語:「我們致力於拓展選擇的領域,讓每個人都能擁有選擇。」東方與西方的想法之間有著極大的差異!我不得不注意到,我的印度朋友擁有相對平和的生活,而我的美國朋友,專注於選擇與決定,反而緊張又焦慮。

世界上每一項美德都是因為對立的存在而產生效用。沒有黑暗,光明就沒有意義;沒有陰性,陽性就沒有意義;沒有遺

棄，照顧就沒有意義。真理總是成雙成對出現，我們必須忍受這一點，才能在現實中存活。受折磨代表允許。從這個角度來看，我們都深受二元對立的奧祕所苦。不管我們做了什麼，相反的事物馬上就會應運而生。這就是現實。

現在該怎麼辦？我們該拿這明顯無法忍受的矛盾怎麼辦？這其實是造成每一個精神解離與心理問題病症最根本的問題。這個問題如果處理錯了，就會陷入精神癱瘓，什麼也做不了。接下來還會發現自己焦慮到連什麼都不做也忍受不了！我們動不了，也靜不下來。這就是許多人現在的處境，承受著一波波的痛苦襲來。如果我們開始做某件事，就會因為另一件事的出現產生罪惡感，然後困在沒有出口的無盡折磨之中。如果做了讓自己開心的事，便會因為沒有做應該做的事而興起罪惡感。如果做了應該做的事，我們希望或夢想做的事，則會戳破我們的自制自律。貝多芬在第九號交響曲的第二樂章詼諧曲中，就用音符呈現了這種狀態。音樂不斷迴旋迴旋再迴旋，沒有辦法收尾，到了最後的樂章才找到解套的辦法：透過融合起來的方式，以震耳欲聾的喜悅作結。

你的中學數學老師有沒有用證明 2 等於 3（做為教學的一環）來騙過你？證明寫在黑板上，但沒有任何學生反應能快到

一眼看出錯誤。這個方法是都用 0 去除，但因為 0 無法當成除數，所以其實根本無解。我們的心理等式也差不多是用相同的方式運作，所以得到同樣無解的錯誤答案。

我所列出的對立元素中，有一個基本的錯誤。二元對立就和 2 等於 3 的證明題一樣都是錯誤。如果現實真的如此，我不覺得有任何人能存活下去。我們的心理結構會崩潰。而且有時候的確會崩潰！

錯誤在於（感謝主，要不是有這樣的錯誤，生活會變得無法忍受！）我們對於「宗教」一詞的詮釋錯誤。「宗教」（religion）一詞是由拉丁字根「re」，意思是「再一次」，以及「ligare」，意思是「聯合、連結，或橋接」所組成。常用的「連字體」（ligature）一詞也是來自相同的字根。所以，宗教的意思是再次連結在一起。宗教不能只與對立元素的其中一方連結。在之前的討論中，我分別羅列了世俗與宗教的價值，這是個罪大惡極、不可饒恕的錯誤，也是大部分人類精神磨難發生的溫床。認為這麼做很糟糕，但那麼做很高尚，其實是大大地誤用了語言。世界上沒有所謂符合宗教的行為，或是符合宗教的特質清單，只有能夠連結或療癒的宗教觀點。這個觀點能夠回復並調和折磨著我們每個人的對立元素。宗教的能力在

於將對立的元素重新結合起來，超越造成了許多痛苦的裂痕。宗教幫助我們遠離矛盾這種互相對立的痛苦狀態，來到悖論的範疇。在這裡我們能夠同時欣賞兩種相對的元素，給予相同的尊重。然後，也就只有在這個時候，恩典才會出現，矛盾的靈性經驗變成了和諧的整體，讓我們進入一種比單獨選擇任何一方都還要好的合一狀態。

施比受更為有福這個觀念，也是陷入了證明 2 等於 3 的謬誤。要說對立的元素中，有一方「屬於宗教」（religious），真的是錯得徹底。只有合一的領域才配得上「屬於宗教」這個形容詞。

我們必須讓「宗教性」一詞回歸到原本的真正意含，才能讓宗教重新獲得療癒的力量。療癒、連結、結合、橋接、重新復合——這些才是神聖的能力。

悖論的奇蹟

要將我們的能量從對立轉化成悖論，是演化上很大的飛躍。處於二元對立的運作中，其實是被生活不可解的問題與事件輾壓成碎片。大部分的人都把自己的生命能量拿來支持這

種內在的戰爭。在朋友之間直率的對話中，也只能一再聽到這些完全錯誤的想法。現代人浪費了龐大的能量來對抗自己的狀態。對立其實與短路很類似，像大出血一樣榨乾我們的能量。

將對立轉化成悖論，就是允許一項議題的正反面、對立元素的雙方，能夠以相同的尊嚴與價值存在。舉例來說：我今天早上應該要工作，但實在沒心情，很想做點別的事。這兩個對立的願望，如果一直放置在對立狀態，就會互相抵銷。但如果我花點時間思量，便可能出現互相可以接受的結果，甚至也可能出現優於任何一方的狀態。有時候妥協的確會比對立來得好，但仍然不是最好的解決方案。我可以先帶狗去散步，然後靜下來工作一會兒，試著調節賺錢與玩樂的這兩種需求。但這並不是真正的悖論。如果我能耐心與這兩個互相排斥的衝動共處足夠的時間，這兩股對立的力量會互相教導，產生能夠讓雙方滿意的洞見。這不是妥協，而是一種深刻的理解，讓我能去思考自己的人生，並讓我確切知道自己該怎麼做。這種確定感是人類所知最珍貴的特質之一。

我很想告訴大家這是怎樣的解決方案，但這樣可能會有所誤導，因為每一個解決方案都必須出自於我們面對的獨特情境。公式或方法在這種時候永遠不夠。解決方案必須來自對立

能量面對面時，所產生的動態變化。

　　著有《遠離非洲》（*Out of Africa*）的丹麥作家伊莎・丹尼森（Isak Dinesen）曾經寫道，人類有三種真正快樂的狀態。第一是能量旺盛，第二種是痛苦中止，第三是完全確定自己是遵照神的意志而行。第一種是專屬於年輕人，第二種只能維持短暫的時間，第三種需要進行許多內在工作才能獲得。如果已經度過了生命中的二元對立階段，就會來到完全確定自己是遵照神的意志而行的境界。我們每個人都知道，這種喜悅是自己獲得的真正遺產，它如影隨行，並啟發我們的人生目標。

　　這種境界最需要的就是接受對立的兩套美德，但不落入互相爭鬥的精神官能徵候中，而是進入到悖論的高階狀態。贏很好，輸也很好；擁有很好，分給窮人也很好；自由很好，服從權威也很好。從悖論的角度檢視生活中的元素，便是打開一連串全新的可能性。我們不要再說對立是相互敵視，而是會建構出一個我們以人類身分就能獲得的神聖現實。不該去區分其中一個屬於世俗，另一個屬於宗教。我們必須重新訓練自己，認知到每一項元素都代表一個神聖的真理。問題只是在於我們沒有能力看見隱藏的合一性。而尊崇悖論就能獲得合一的權利。的確，基督教生活中最有價值的經驗，就是合一的神視，這也

是神祕神學最寶貴的經驗，只有臣服於悖論才能獲得。中古世紀的世界了解這種經驗，所以他們能夠超越對立的碰撞，並與神調和。

如果我們達到悖論的境界，就能發現超越爭吵與妥協的合一之眼。我們會發現一種合一的態度，將我們所有的能量匯聚在極佳的焦點。這才是真正值得稱為領悟。

愛與權力的悖論

也許最難調和的一組相對元素，就是愛與權力。現代世界因為這樣的二元劃分被扯得支離破碎。想要調和這兩種元素的人，只會發現自己遭遇更多失敗，無法成功。

要以人類的身分生活，絕對離不開這兩種元素。缺乏愛的權力非常野蠻，缺乏權力的愛平淡又微弱。但是當雙方互相靠近，通常會讓兩人的生命發生炸裂的狀況。大部分情侶或夫妻在爭吵中的相互指責，會和權力與愛的衝撞有關。要讓兩者均得其應得，並延續這種似非而是的張力（paradoxical tension），是我們所面對最高階的功課。捨棄一方，成就另一方，實在非常容易。但這樣無法進行融合，獲得唯一的真正答

擁抱陰影：從榮格觀點探索心靈的黑暗面 ├───

案。失敗會造成分裂——如離婚、分手、爭吵。真正的悖論帶來強而有力的堅定投入與神祕結合，如此才能夠承受問題。

狂熱（fanaticism）的現象，總是出現在選擇了對立元素其中一方，而捨棄另一方的時候。狂熱的高昂能量致力於否定真理的其中一半，好讓另一半控制全局。這種狀況總是會使得人格變得脆弱而不可理解。這種正當性其實是來自「讓自己保持正確」。我們會想聽別人怎麼說，但也害怕權力的平衡開始轉移。舊有的等式崩毀，因為你知道如果「讓步」的話，就會失去自己。自我是多麼努力想要維持現狀啊！在這種情況下，必須要對超越有所信心，並要有勇氣為了彼此之間的關係犧牲自己的觀點。

締結（Ligare）是宗教經驗的核心，是去連結、修復、聚集、完整，找到分裂之前的狀態。我們的未來就仰賴這種宗教的神視。

陰影是通往悖論的入口

我們從陰影開始討論，當然就可以問這個問題：悖論與陰影有什麼關係？悖論的一切都與陰影相關，因為只有當我們

陰影有什麼關係？悖論的一切都與陰影相關，因為只有當我們擁抱自己的陰影，將陰影抬升到具有尊嚴與價值的地位後，悖論這個崇高的調和之所才會顯現。擁抱自己的陰影，就是在為靈性經驗做準備、打地基。聖經以及許多故事告訴我們，神聖的事物會從最普通的場所與事件中獲得。有句神祕的格言是這麼說：「我們可以在日常生活的衝突與緊張中找到高價的珍珠。」大家都有過這樣的經驗。曾經有人說，莎士比亞能夠掀起任何一家的屋頂、寫出不朽的戲劇。當我們掀起任何一家的屋頂，就能發現為宗教生活做準備的悖論，這種大於個人角度的神視。從衝突到悖論，再到啟示，這就是神聖的進程。

誰沒有過與不應該的對象談戀愛的經驗？要維持這樣的愛，並同時維持自己的倫理道德觀，就是在為進入真我（the Self）的階段做準備，準備迎接比自我更大的狀態。

誰沒有過花上大把時間掙扎於規規矩矩工作，或是再偷懶久一點，停留在夢幻的「烏有鄉」？兩者都不神聖，但神聖之地的確存在於兩者形成的悖論之中。

來進行諮商的個案，常常會帶著極為羞憤的感覺，羅列出在自己內心衝突的價值觀。他們想要獲得解答，但如果他們能讓自己的意識承受這種悖論的狀態，其實可以獲得的會比解答

擁抱陰影：從榮格觀點探索心靈的黑暗面 ├─────

更多。有位朋友預約了蘇黎世梅爾醫師的諮商時段。這位醫師最有名的就是不管聽到任何事情，都是用「沒錯」來回應。我的朋友以優雅的英語勇敢述說出自己生活中的錯綜複雜。她哭喊著自己無法再忍受卜去。「沒錯，很好，」梅爾醫師回答。「現在會有新的事情發生。」這絕對是醫學治療的方式，但只適合擁有力量承受的人。

當無法停止的子彈撞擊到無法穿透的牆，我們就能感受到宗教性的體悟。這正是能讓人成長的地方。榮格曾說：「找出一個人最怕的事物，那就是他能夠進展到下一階段的所在。」自我的形塑，就像是鐵鎚和鐵砧中間那塊被反覆捶打的鐵一樣。

只有勇者才能承受以上的過程，而且我們不容易找到足以撐過這個過程的倫理或道德特質。我們現在的這個時代，英雄主義可重新定義為承受悖論的能力。

因此，實際上我們能怎麼做？光是問這個問題，就會讓我們偏離中心，因為這必須在動態進行與靜態存在之間進行選擇。花俏的解決方法不會有效。《今日心理學》期刊曾經有一期用粗體字大大地在封面寫道：「不要一直想做些什麼，停下來一會兒。」感覺起來像是玩笑，但這就是佛學在我們急需這

種觀念的時候讓我們注意到的事。透過高度覺察的等待，悖論被帶往發展的下一階段。自我沒有什麼能做的了，必須等待大於自我的狀態到來。

瑪麗-路薏絲‧馮‧法蘭茲博士（Dr. Marie-Louise von Franz）以直白的語言這麼說：

> 榮格曾說過：置身在沒有出口的情境，或是處在沒有解決方式的衝突，是典型的個體化歷程起始點，註定要出現無解的情境。無意識需要這個充滿無助感的衝突，藉此將自我推向牆角，唯有如此男人才能理解不管他怎麼做都是錯的，無論做什麼選擇也都是錯的。其本意是要擊倒自我的優越感，而這個優越感讓個體誤以為他有責任要做決定。想當然爾，男人會說：「那好吧，我就擺爛攤子放手什麼決定都不做，到哪都只要拖延逃避就好了。」這樣的想法也同樣是錯的，因為這樣一來就什麼也不會發生。但是如果男人具有足夠的倫理道德感而能承受人格的核心，那麼通常……自性就會出現。用宗教語言來說，這個死胡同情境的本意，是要迫使男人信靠上帝的作為；用心

理學的語言來說，阿尼瑪巧妙安排讓男人落入死胡同的情境，本意是要推他進入經驗自性的情境中……。當我們把阿尼瑪視為靈魂的導引者，就比較容易聯想《神曲》中碧雅翠絲（Beatrice）引領但丁（Dante）上升進入天堂那一幕，但不要忘記他唯有經歷煉獄之後才得以經驗天堂。通常而言，阿尼瑪不會就只是牽起男人的手上升進入天堂，她會先把他放進熱鍋裡，好好地蒸煮一番。[3]

承認悖論，就是承認比自我更大的痛苦。這種宗教經驗恰好存在於我們覺得自己走投無路的無解狀態中。這是在邀請我們進入比自我更大的存在。

3　原註：出自瑪麗-路薏絲·馮·法蘭茲的《解讀童話：從榮格觀點探索童話世界》（心靈工坊出版），第六章，第130頁。

靈光

感謝主，有個概念能夠從日常的僵局中拯救我們。令人開心的是，這個概念就存在我們自己的基督教文化中，不需要去其他遙遠的地方尋求解答。

答案就是靈光（mandorla），這個來自中世紀基督教，但今天幾乎沒有人知道的概念。我們可以在討論中古神學的任何一本書上看到靈光，但現在能看到的討論卻很少，這是個如果失去的話會非常可惜的概念。

每個人都知道什麼是曼陀羅（mandala），雖然曼陀羅是借自印度與西藏的梵文詞彙。曼陀羅是一個神聖的圓形或封閉的地方，代表著整體與圓滿。[1] 我們常常會在西藏唐卡中看到，畫面上通常有佛陀與許多相關事物，並會掛在佛堂或寺廟的牆上，做為生命圓滿的象徵。曼陀羅能夠提醒我們，自己與神還有眾生萬物的合一。在西藏，導師常常會畫曼陀羅給學生，讓學生對著曼陀羅冥想；一直到導師給予下一階段的指導前，冥想會花上許多年。在哥德式建築的玫瑰窗上，也可以發現曼陀羅圖案，而且在基督教藝術中常被當成療癒的象徵。人格支離破碎的人士會夢見曼陀羅，因為他們需要這種撫慰象徵

---

1 編註：關於曼陀羅（mandala）的圖像，可至網路上搜尋：Mandala. Bhutan wall painting.（不丹壁畫）。

的力量。榮格在自己人生特別難過的一段時期，每天早上都會畫一幅曼陀羅，好維持自己感官的平衡與協調。

靈光同樣有療癒效果，不過形式有些不一樣。靈光是兩個圓形部分重疊時呈現的杏仁狀圖案。[2]mandorla 也是義大利文的杏仁，這並不是巧合。這個形狀也代表我們之前所探討，關於對立元素的重疊。一般認為，靈光是天與地重疊的部分。我們所有人都無法避免在天與地衝突的號令之間受到拉扯。靈光指引我們如何進行協調與和解。耶穌基督與聖母瑪利亞的畫像背後常常會有靈光包圍，這是在提醒我們，人類同時擁有天與地的特質。基督教讓生命的陰性元素在靈光中擁有一席之地，即是鄭重地承認並肯定其價值，且聖母瑪利亞與耶穌基督一樣，經常莊嚴地端坐在靈光中。我們可以在許多歐洲大教堂朝向西方的大門上，看到極其精美的靈光包圍著耶穌基督或聖母瑪利亞。

2　編註：關於靈光（mandorla）的圖像，可至網路上搜尋：Mandorla. The Chalice Well, Glastonbury, Somerset, England.（英國薩默斯特郡，格拉斯頓伯里的聖杯井）。

靈光的療癒本質

　　靈光對我們這個撕裂的世界非常重要，接下來會進行詳細討論。我們在探討陰影時，提到了各種對立的元素。將各種可能性分出相對的好壞，然後完全貶抑壞的部分，以至於到後來根本記不得有這樣的存在，一直是我們文化生活的本質。這些被貶抑的元素構成了我們的陰影，但不會永遠被放逐，它們大概會在中年的時候回來，就像舊約聖經中從沙漠中回來的代罪羔羊。

　　這些受到放逐貶抑的元素想要獲得承認的時候，我們可以怎麼做？接下來我們就該了解一下靈光。

　　靈光具有極為強大的療癒與鼓舞作用。在疲倦、沮喪，或是受到生活的輾壓，無法在對立元素的緊張中存活下去時，靈光可以告訴我們該怎麼做。當大部分的堅持努力與嚴格自律都無法阻絕生活中痛苦的衝突時，我們都需要靈光。靈光幫助我們從文化生活轉換到宗教生活。（幸運的是，這並不會終結我們的文化生活，因為文化結構已經完整建立，可以自立存在。）

　　靈光讓分裂的狀態得以療癒。重疊的部分一開始通常非

常細，就像是新月的一抹銀光。但至少是個開始。隨著時間進展，重疊部分愈來愈大，療癒也愈來愈強、愈來愈完整。靈光將原本撕裂分開、不完整、不神聖的部分連結起來，這是我們在生活中能夠體會到最深刻的宗教經驗。

靈光是詩歌的所在。真正的詩人有責任將我們所在的破碎世界重新統合起來。艾略特（T. S. Eliot）在《四個四重奏》（*Four Quartets*）中寫道：「火焰與玫瑰是一體。」[3] 他將火與花這兩個元素重疊起來後，靈光因而形成。知道轉化的火焰與重生的花朵其實是同一件事，我們的靈魂深處會因此感覺到喜悅。所有的詩都是基於以下的主張：「這樣」就是「那樣」。當意象重疊起來，我們便擁有了合一的神祕概念，感覺在破碎的世界中還有安全與確定。詩人將「統合」這份禮物送給我們。

偉大的詩作飛越過裂痕，將存在的美麗與可怕結合起來。詩擁有讓人驚訝與震撼的能力，提醒我們那些總以為是對立的事物，其實彼此互相連結。

3　原註：T・S・艾略特的《四個四重奏》，收錄於《詩與戲劇全集：1909-1950》（*The Complete Poems and Plays: 1909-1950*）（紐約：哈考特出版社，1971 年），第 145 頁。

語言也是靈光

　　所有的語言都是靈光，結構完整的句子就擁有這樣的本質，也許這也是我們都很喜歡說話聊天的原因。好話能夠讓破碎的世界回復圓滿；文法錯誤、顛三倒四的句子之所以會讓我們感到惱怒，也許是因為這樣的句子沒辦法好好重疊元素、無法發揮合一的作用。

　　我們最常用的動詞「是」，便具有強大的合一作用。使用「是」的句子，是一種身分的宣告，並療癒兩種元素之間的裂痕。動詞「是」的謂語（predicate）會使用主格代名詞（subjective form），就是對於這種作用的保證。我們會說：「I am he（意為『我是他』，he 是英文中『他』的主格）」，而不是「I am him（him 是英文中『他』的受格）」。我和他都是主格，這是讓具有差異性的兩者在神祕學層次合一的陳述法。

　　即使不用動詞「是」，所有的句子其實都是對於身分的宣告，雖然可能較不明顯。每一個動詞都會創造出神聖的領域。「我要來回家」或「我現在要演奏音樂」，都對「我」和「家」，或是「我」和「音樂」指涉了一種特別的身分。任何

結構完整的句子，都是在融合二元對立的狀態，具有無比強大的療癒與回復力量。只要正確使用語言，我們每個人都是詩人與治療師。每一次我們說出真實的話語，就是在創造靈光。

句子與數學等式很類似，動詞的部分就代表等號。正確的句子會說主詞等於動詞，因此中止了兩者間的爭吵；二元對立原本造成的裂痕就此修復。

擁有豐富動詞的語言，比大部分仰賴名詞的語言要來得更有力量。中文與希伯來文是前者。人說的話如果主要使用動詞傳達，會更為有效。若主要使用的是名詞，力量較弱。若主要使用的是形容詞與副詞，那就完全搞錯方向。動詞是聖地，是靈光的領域。我們可以看到莎士比亞的偉大作品中，展現出強大動詞的高貴典雅與療癒力量。

遠在錄音機尚未普及時，有位朋友送了我一台。使用說明寫道：「把錄音帶放進去，按下 A 鈕，用錄音機聽錄音帶。然後錄音帶換面，按下 B 鈕，錄下你的回答。」我在開始錄回應時，前幾分鐘感覺很詭異，想不到自己該說什麼。但等到一小時後，整捲錄音帶錄完，我超生氣，因為我還沒有把所有想要表達的事情講完。把自己講的話錄起來，後來就成為對我非常珍貴的動作。沮喪的時候，我會錄個音，發現自己在講話

中不知不覺就解決了兩難的困局。我做的正是佛洛伊德所說的「談話治療」（the talking cure），因為語言只要正確使用，就是非常具有療癒力的媒介。我的朋友住得很遠，我們很少見面。有一次好不容易見了面，朋友說：「羅伯特，為什麼你在錄音帶上聽起來比見面聊天要睿智那麼多？不用回答，我知道，因為用錄音帶我不會打斷你！」把話錄下來給他啟動了我的感覺功能，讓我能自由地處理自己的想法。讓對方好好講話，不要用自己的想法去汙染他的言談，就是送給對方一份珍貴的禮物。只要擁有正確的容器，我們就能用言語創造出靈光，治療許多事物。在適當的環境下，我們可以靠著自己的能力成為詩人。

聽到某人（甚至是自己）說：「也許是這樣，也許是那樣，可能之後會，我想如果」，就像狗繞著自己的尾巴追那樣，其實是非常奇妙的事。但逐漸地，兩個不同的圓開始重疊，靈光就此誕生。這就是療癒、這就是連結，宗教經驗的基本特質。

所有好的故事都是靈光，內容講述著「這樣」與「那樣」，然後透過故事的魔力，逐漸讓我們看到對立的元素相互重疊，最後變成同一件事物。我們多半會以為故事主要講述的

是善戰勝惡，但更深層的真相是，善惡可以互相替換，兩者其實相同。因為我們融合的能力有限，許多故事只能稍稍觸及這種合一狀態。但任何的合一狀態，即使只是暗示，都能夠療癒。

還記得摩西與燃燒荊棘的故事嗎？有許多的荊棘叢，也有許多燃燒的火焰。但在這個故事中，荊棘與燃燒重疊。荊棘沒有被燒毀，在我們發現兩種現實的秩序疊加起來後，那瞬間，我們便了解神就在附近。這就是重疊的結果。

只要感受到對立元素的衝撞與互不相讓（荊棘不會被燒毀，火焰也不會熄滅），就可以確定神的降臨。我們非常不喜歡這種經驗，也盡力想要避免，但如果能夠忍受這種無法解決的衝突狀態，就能夠直接與神連結。

靈光是衝突解決方式的原型（prototype），可以說是療癒的藝術。莎士比亞是這麼形容創作：

> 詩人的眼睛狂熱地轉動，
> 從天看到地，再從地看到天。
> 當想像力讓未知事物成形，
> 詩人的筆賦予實體，

讓虛空中的無，擁有現實的居所與名字。[4]

　　莎士比亞在此調和了天與地，給了名字與位置，讓人類的能力得以處理如此廣大的願景。

　　調和天與地這麼遼闊的範圍，其實超乎我們平時採用的觀點。一般來說兩種無法調和的對立元素（罪惡與需求），會對我們的精神結構造成影響。這時我們需要詩人，或是我們內在的詩人，將兩者重疊，產生莊嚴崇高的整體。還有誰比莎士比亞更能讓天的虛空與地的沉重現實融合起來，並賦予這樣的融合一種能讓一般人了解的形式？除了我們內在的莎士比亞之外，還有誰可以？

　　把「這樣」與「那樣」融合起來，從中創造出靈光。

　　靠著我們自己的詩意才能，大概掙扎半天也只能創造出最細微的一絲靈光，而且幾分鐘後就消散了。昨天讓人激動不已的靈感，到哪去了呢？但如果重複經歷這個過程，累積夠了之後，就會成為融合能力的永久基礎。我們可以期盼生命來到盡頭時，兩個圓會完全重疊。當我們真正成為兩個世界的居民，

4　原註：威廉・莎士比亞《仲夏夜之夢》第五幕，第一景，12-17 行，收錄於《河畔莎士比亞全集》（*The Riverside Shakespeare*）（波士頓：霍頓・米夫林出版社，1974 年）。

　　　　　　　　　擁抱陰影：從榮格觀點探索心靈的黑暗面

天與地就不再相互對抗。最後我們不管什麼時候都只會看到一個圓。這才是真正地圓滿了基督教的教義，也就是中世紀神學推崇的榮福直觀。會看到兩個圓，其實是我們的能力與需求只能看到事物的正反虛像。

靈光的創造不只限於語言形式。藝術家使用形式、顏色、視覺張力來創造靈光。音樂家同樣使用旋律、形式與音色來創造靈光。

我對於音樂十分熟悉，因此更容易注意到音樂創造的靈光。巴哈的《馬太受難曲》大概演奏到四分之三的時候，高潮出現了。場景是基督被釘上十字架，由女低音獨唱〈主耶穌伸出他的手〉。女低音編織出祥和的聲線，而低音巴松管這種聲音既粗又低的樂器，則演奏出一連串跨自然七度音的旋律。這樣的音程（八度少一個音）在古典對位法中禁止使用，因為會發出像是驢子的叫聲，非常難聽。[5] 格羅菲的《大峽谷組曲》採用了大量的七度音來描繪驢子走在峽谷小徑上的感覺。但是巴哈天才地將這兩種元素：最為祥和聖潔的聲音與最為刺耳雜

5　原註：我有個朋友交了一份對位法的作業給一位知名的老師。老師用紅筆改了發回來：「跨自然七度音是專門給驢子用的！！」我的朋友加了幾個字再交過去：「還有巴哈！」然後他就被退學了。

亂的聲音，交織在一起，然後創造出靈光。祥和的女低音寧靜地唱著，而低音巴松管在低音部演奏出怪異滑稽的跨七度音。兩者加在一起，產生了崇高的整體。對我來說，聽到如此天才的音樂，是在這個世界上體會到最為療癒的經驗之一。如果這兩種極端的聲音可以交織在一起創作出偉大的作品，也許我也可以這麼利用自己生命中雜亂無章的元素，將它們結合在一起。

　　身兼原始薩滿與天主教修士這兩種奇妙的混合身分，是南美的巫師的傳統，這讓我們看到了一種特別強大的靈光形態。南美巫師的神桌是幫病人治療時進行彌撒的祭壇。他們將這種祭壇劃分成三個不同部分。右邊是神聖啟發的元素，像是聖人像、花朵、魔法聖物。左邊是黑暗禁忌的元素，像是武器、刀劍，或是其他破壞性的工具。兩邊對立元素之間，則是療癒的空間。這樣的訊息非常明白正確，我們自身的療癒就是在善與惡、光與暗重疊的地方開展起來。光明的元素無法單獨進行療癒，光與暗相接的地方才是奇蹟發生之處。這個中間之地就是靈光。[6]

6　原註：感謝加州聖地牙哥巴波亞公園人類博物館館長道格拉斯‧夏隆博士給我的啟發。

靈光也可以用舞蹈呈現。我記得有一位女性個案,在諮商時跳出了內心衝突的元素。她先是舞動出自己生活的某個部分,然後移動到諮商室的另一邊舞動出另一個部分。這不是我熟悉的領域,因此我便縮在椅子後面直到諮商時間結束。個案跳完後,邀請我走出來,並向我解釋她剛剛用肢體語言說了些什麼。

　　有人可能會批判,靈光只是個人的經驗,完全無法實際運用。但易經第六十一卦說:「君子居其室,出其言,善則千里之外應之。」如果在個人內心創造出靈光,千里之外也能讓人有所回應。

　　若發現有人特別平靜祥和,或是散發出療癒的氛圍,也許是因為他在內裡創造了自己的靈光。如果想要感染周圍的環境,千萬不要躁進。要暫停下來、創造靈光;不要埋頭苦幹,而是存在當下。

　　大家常常會問榮格說:「我們過得去嗎?」這問題指的是這個時代的大變動。榮格總是回答:「只要有足夠的人進行內在工作。」靈魂工作可以帶領我們度過任何危機。靈光就是在創造祥和。

　　我認為聖經中最美麗的句子就是:「你的眼睛若瞭亮,全

身就光明。」（馬太福音，6:22）。右眼看到這樣，左眼看到那樣，但如果用第三眼的單隻眼睛，一切都會充滿光明。印度人會在額頭中央點上紅點，代表自己已經領悟（或正走在領悟的道路上）。在脈輪的系統中，這是人類意識所能達到的最高點。但還有另一個第七脈輪的存在，則是超越了我們一般人能力所能體驗。

因為基督教信仰的鼓勵，大部分西方人都將創造靈光的能量投注在無用的告解上。告解完全是浪費時間與精力。我常常揶揄身為浸信會教友的祖母，跟她說告解其實是一種罪。她會變得非常火大，因為我這麼說是在剝奪她的樂趣。祖母認為如果不雙手緊握告解自己（或我）所犯的錯，就是沒有誠心信仰主耶穌。告解沒有創造出任何事物。有意識的工作會建構靈光，進行療癒。靈光中沒有悔恨；靈光需要的是有意識的工作，而不是自我姑息。

告解也是悖論的廉價替代品。花費在告解上的能量，如果用於勇敢面對在人格中衝突的兩套真理，反而能獲得更多的回報。告解還代表了自大，因為我們透過這個動作在某個議題上選邊站，並確信自己是正義的一方。雖然這種一面倒的狀態是文化過程的一部分，但對宗教生活來說非常不利。失去衝突的

力量就是失去合一的機會，也錯失了靈光的療癒力量。

我們最好也能記住，用兩條曲線畫出流線型的耶穌魚，這個古早使用的基督符號同樣是靈光。就定義來說，耶穌基督本身就是神與人的交叉點。他是對立元素調和的原型，也是帶領我們走出衝突與二元對立領域的嚮導。早期的基督徒是用以下的方式來了解彼此的身分：在見面的時候，會有人先在地上畫一個小圓，另一個人則畫第二個與第一個稍微重疊的圓，完成一個靈光的圖案。這種打招呼的方式，在基督徒遭受嚴重迫害的時期，非常強而有力。對今天的我們來說，這也很有意義。如果想要提出一個主張，那麼讓另一個通常來自陰影的主張進來也很好，因為這樣可以創造出比任何一個單獨觀點更寬廣的靈光。

我記得中學時期的辯論課，有一次老師在辯論開始前一分鐘，要我們正反方互換。原本我很驚慌，後來則因為得到一種嶄新不同角度的概貌，而感覺到一股龐大的能量。的確，這次的經驗能量強大，讓我打贏辯論賽。我覺得這是因為自己給予對立兩邊同樣的信任，才能得到更高層次的觀點，而贏得（或以這個觀點取代）一些內在生活中靈性方面的激烈爭辯。

靈光的人性層面

我們可以把人類的生活看做是靈光，或是能夠調和對立元素的基礎。從這個角度來看，每個人都是救世主，而耶穌基督則是人類救贖者的原型。男女之間的眼神接觸也都是靈光，是陽剛與陰柔兩種極端特質交會並相互禮讚之處。靈光是神聖的容器，新的創造在此成形與萌發。聖經從來都沒討論過求偶與婚姻是與精神調和的象徵。湯妮・蘇斯曼（Tony Sussman）是倫敦的一位榮格心理學家，也是我的入門老師之一。她曾經告訴我，在夢境中，性一直都是代表著創造的符號。即使性在夢中是以暴力的形式呈現，也還是在傳遞調和與創造的訊息給我們。合一在象徵世界中的地位就是如此崇高。（對於內在來說永遠為真，但外在不能以此類推。）

若是體會過強烈的靈光（這是多麼令人喜悅！），就會知道這種經驗的持續時間只有一瞬間。之後我們必須回到二元對立、時間與空間的世界，繼續日常的生活。陰影會從頭再創造、累積，接著就會需要新的轉化經驗。歷史上的偉人同樣只能瞬間看到整體的樣貌，然後非常快速地回到自我與陰影衝突的世界。有句印度的諺語說：「任何認為自己已經領悟的人，

其實根本沒有領悟！」

身為人類，不管從哪裡出發，都會受到分裂，重複產生自我與陰影的對立狀態。也許就是因為如此，聖奧古斯丁才會說：「行動就是罪。」只要我們在社會上生存，就必須背負著陰影做為代價。社會則會用集體的現象做為代價，例如戰爭、暴力與種族歧視。這就是為什麼宗教生活會認為另一個世界、天堂與千禧年會是內在生活的頂點。文化與宗教的目標並不相同。

想要平衡文化的灌輸，需要每天不間斷地進行陰影工作。這麼做的第一個好處，是能夠消除我們投射在他人身上的陰影，也不會增加這個世界上瀰漫的黑暗，還有造成戰爭與衝突的集體陰影。而第二個好處則是我們能夠藉此準備創造靈光——這種美麗與整體的高階願景、人類意識的最大獎賞。

古代的煉金術士非常了解這樣的過程。煉金術會經過四個發展階段：黑化讓我們經驗到人生的黑暗與消沉；白化讓我們看到事物的光明面；紅化則是發現熱情；最後的黃化讓我們欣賞到人生有如黃金般珍貴的一面。經過四個階段後，全彩的靈光因而誕生。這就是「孔雀尾」，包含了之前出現的所有色彩。這樣的過程不能任意停止，必須進行到最後的孔雀尾階

段，才能擁有包含一切的全彩。

如果做錯了，人生的色彩就會混合成灰色，所有的顏色互相中和，變成沉悶的單色。如果做對了，就能獲得孔雀尾，生命所有的色彩會創造出壯觀而豐富的圖案。靈光不只是中和或妥協之地，而是孔雀尾巴與彩虹誕生之處。

關於作者

羅伯特・強森 Robert A. Johnson（1921-2018），美國榮格分析師、作家。生於奧勒岡州的波特蘭市。畢業於奧勒岡大學（University of Oregon）與史丹佛大學（Stanford University）。他的童年並不順遂，父母婚姻失敗，十一歲腿傷瀕死，並經歷神祕經驗。年輕的他有著無法排解的寂寞之苦，先後求教印度籍精神導師克里希那穆提（Jiddu Krishnamurti）與日本禪師鈴木大拙。1947 年接受榮格分析師弗里茨・肯克爾（Fritz Künkel）的分析治療。

而後他前往瑞士蘇黎世榮格學院，在那裡，榮格憑著強森的夢境，給了他重要的人生方向：「……這是一次非凡的經歷。他告訴我，要和自己在一起，不要結婚，不要參與任何事情。他說『集體無意識將支持你』……」強森不僅心靈得到療癒，他還找到了工作——成為心理分析師。當時，榮格的太太艾瑪・榮格（Emma Jung）是他的主要分析師，在肯特爾（Künkel）、托尼・薩斯曼（Tony Sussman）的協助下，他完

成分析師訓練，並於五〇年代初與海倫・盧克（Helen Luke）在洛杉磯建立分析機構。

六〇年代初期，強森結束執業，至密西根州聖格雷戈里修道院的三河修道院（St. Gregory's Abbey, Three Rivers）待了四年，1967 年返回加州重啟心理治療的舊業。他曾於聖地牙哥的聖保祿教堂（St. Paul's Cathedral）講課，並與身兼美國聖公會牧師與榮格分析師約翰・桑福德（John A. Sanford）有密切的合作關係。

強森也將更多的關注轉向內在心靈，逐漸轉化了他的寂寞感。他體會到中世紀神祕術士所說的話：「寂寞的解方是孤獨（aloneness）。」因為孤獨，我們能更親近心靈，心靈豐厚了的他，感覺生命中彷彿有某種召喚，像是許多的細線（slender threads）在牽引，引領人走在使自己更完整的道途。

強森著迷於神話，擅長以神話故事演繹人類心理，他尤其喜歡十二世紀的神話，認為那是西方現代心靈的源頭，能從中檢視文化加諸我們的困境。1974 年一場於聖地牙哥聖保祿教堂，以十二世紀神話的解析男性心理的演講，被謄錄、編輯成《他：理解男性的心理學》（*He: Understanding Masculine Psychology*）一書出版，開啟了強森百萬暢銷書作者的生涯，

他陸續出版了《她：理解女性的心理學》（*She: Understanding Feminine Psychology*）（按：後這兩本的中文版合為一書，即《他與她：從榮格觀點探索男性與女性的內在旅程》）、《戀愛中的人：榮格觀點的愛情心理學》（*We: Understanding the Psychology of Romantic Love*）、《與內在對話：夢境・積極想像・自我轉化》（*Inner Work: Using Dreams and Active Imagination for Personal Growth*）、《擁抱陰影：從榮格觀點探索心靈的黑暗面》（*Owning Your Own Shadow: Understanding the Dark Side of the Psyche*）（以上中文版皆由心靈工坊出版）等十餘冊書。而他的傳記性作品《平衡天堂與人間：關於靈視、夢境與現實的回憶錄》（暫譯，*Balancing Heaven and Earth: A Memoir of Visions, Dreams, and Realizations*）則揭露他迷人而神祕的個人生活，讓人看見他從十一歲瀕死經驗起的畢生靈性旅程，如何醞釀他強大而豐富的心靈世界。

　　榮格曾說，他的思想並非發明，只是再次示現古老的智慧；而強森，則擅長將此示現以詩意的行文，深入淺出地帶下專業講台，帶到你我身邊，讓人們失落的靈魂將不知不覺得到滋養，受到鼓舞，勇敢向心靈的鄉土前行。

延伸閱讀

- 《夢，通往生命的泉源：榮格觀點的解夢書》（2021），艾德華・惠特蒙（Edward C. Whitmont）、席薇亞・佩雷拉（Sylvia Brinton Perera），心靈工坊。

- 《幽靈・死亡・夢境：榮格取向的鬼文本分析》（2021），安妮拉・亞菲（Aniela Jaffé），心靈工坊。

- 《他與她：從榮格觀點探索男性與女性的內在旅程》（2021），羅伯特・強森（Robert A. Johnson），心靈工坊。

- 《與內在對話：夢境・積極想像・自我轉化》（2021），羅伯特・強森（Robert A. Johnson），心靈工坊。

- 《戀愛中的人：榮格觀點的愛情心理學》（2021），羅伯特・強森（Robert A. Johnson），心靈工坊。

- 《男人・英雄・智者：男性自性追尋的五個階段》（2021），莫瑞・史丹（Murray Stein），心靈工坊。

- 《孤兒：從榮格觀點探討孤獨與完整》（2020），奧德麗・

普內特（Audrey Punnett），心靈工坊。

- 《榮格的最後歲月：心靈煉金之旅》（2017），安妮拉‧亞菲（Aniela Jaffé），心靈工坊。

- 《遇見榮格：1946-1961 談話記錄》（2019），愛德華‧貝內特（E. A. Bennet），心靈工坊。

- 《童話中的陰影與邪惡：從榮格觀點探索童話世界》（2018），瑪麗-路薏絲‧馮‧法蘭茲（Marie-Louise von Franz），心靈工坊。

- 《解讀童話：從榮格觀點探索童話世界》（2016），瑪麗-路薏絲‧馮‧法蘭茲（Marie-Louise von Franz），心靈工坊。

- 《紅書【讀者版】》（2016），卡爾‧榮格（C. G. Jung），心靈工坊。

- 《高山寺的夢僧：明惠法師的夢境探索之旅》（2013），河合隼雄，心靈工坊。

- 《轉化之旅：自性的追尋》（2012），莫瑞‧史丹（Murray Stein），心靈工坊。

- 《英雄之旅：個體化原則概論》（2012），莫瑞‧史丹（Murray Stein），心靈工坊。

- 《榮格人格類型》（2012），達瑞爾‧夏普（Daryl Sharp），心靈工坊。
- 《榮格心理治療》（2011），瑪麗 - 路薏絲‧馮‧法蘭茲（Marie-Louise von Franz），心靈工坊。
- 《榮格解夢書：夢的理論與解析》（2006），詹姆斯‧霍爾博士（James A. Hall, M.D.），心靈工坊。
- 《故事裡的心理學（上）：潛意識與永恆少年》（2020），鐘穎，楓樹林出版社。
- 《故事裡的心理學（下）：陰影與個體化》（2020），鐘穎，楓樹林出版社。
- 《榮格心靈地圖【三版】》（2017），莫瑞‧史丹（Murray Stein），立緒。
- 《榮格自傳：回憶‧夢‧省思》（2014），卡爾‧榮格（C. G. Jung），張老師文化。

PsychoAlchemy 031

擁抱陰影：從榮格觀點探索心靈的黑暗面
Owning Your Own Shadow: Understanding the Dark Side of the Psyche
羅伯特‧強森（Robert A. Johnson）——著
徐曉珮——譯

出版者—心靈工坊文化事業股份有限公司
發行人—王浩威　總編輯—徐嘉俊
特約編輯—周旻君　責任編輯—饒美君
封面設計—羅文岑　內頁排版—龍虎電腦排版股份有限公司
通訊地址—10684 台北市大安區信義路四段 53 巷 8 號 2 樓
郵政劃撥—19546215　戶名—心靈工坊文化事業股份有限公司
電話—02）2702-9186—傳真—02）2702-9286
Email—service@psygarden.com.tw　網址—www.psygarden.com.tw

製版‧印刷—中茂製版印刷股份有限公司
總經銷—大和書報圖書股份有限公司
電話—02）8990-2588　傳真—02）2290-1658

通訊地址—248 新北市五股工業區五工五路二號
初版一刷—2021 年 9 月　初版六刷—2024 年 5 月
ISBN—978-986-357-222-0　定價—290 元

Owning Your Own Shadow: Understanding the Dark Side of the Psyche
by Robert A. Johnson
Copyright © 1991 by Robert A. Johnson
Complex Chinese Translation copyright © 2021
by PsyGarden Publishing Co.
Published by arrangement with HarperCollins Publishers, USA
through Bardon-Chinese Media Agency
博達著作權代理有限公司
ALL RIGHTS RESERVED

國家圖書館出版品預行編目資料

擁抱陰影：從榮格觀點探索心靈的黑暗面 / 羅伯特.強森 (Robert A. Johnson) 著；
徐曉珮譯 . -- 初版 . -- 臺北市：心靈工坊文化事業股份有限公司, 2021.09
　面；　公分
　譯自：Owning Your Own Shadow : Understanding the Dark Side of the Psyche
　ISBN 978-986-357-222-0(平裝)

1. 分析心理學

170.181　　　　　　　　　　　　　　　　　　　　　　　110014957

心靈工坊 PsyGarden 書香家族 讀友卡

感謝您購買心靈工坊的叢書，為了加強對您的服務，請您詳填本卡，
直接投入郵筒（免貼郵票）或傳真，我們會珍視您的意見，
並提供您最新的活動訊息，共同以書會友，追求身心靈的創意與成長。

書系編號—PsychoAlchemy 031　　　書名—擁抱陰影：從榮格觀點探索心靈的黑暗面

姓名　　　　　　　　　　　　　是否已加入書香家族？ □是 □現在加入

電話 (O)　　　　　　　(H)　　　　　　手機

E-mail　　　　　生日　　年　　月　　日

地址 □□□

服務機構　　　　　　職稱

您的性別—□1.女 □2.男 □3.其他

婚姻狀況—□1.未婚 □2.已婚 □3.離婚 □4.不婚 □5.同志 □6.喪偶 □7.分居

請問您如何得知這本書？
□1.書店 □2.報章雜誌 □3.廣播電視 □4.親友推介 □5.心靈工坊書訊
□6.廣告DM □7.心靈工坊網站 □8.其他網路媒體 □9.其他

您購買本書的方式？
□1.書店 □2.劃撥郵購 □3.團體訂購 □4.網路訂購 □5.其他

您對本書的意見？
□ 封面設計　1.須再改進 2.尚可 3.滿意 4.非常滿意
□ 版面編排　1.須再改進 2.尚可 3.滿意 4.非常滿意
□ 內容　　　1.須再改進 2.尚可 3.滿意 4.非常滿意
□ 文筆／翻譯 1.須再改進 2.尚可 3.滿意 4.非常滿意
□ 價格　　　1.須再改進 2.尚可 3.滿意 4.非常滿意

您對我們有何建議？

□本人同意　　　　　　　（請簽名）提供（真實姓名/E-mail/地址/電話/年齡/
等資料），以作為心靈工坊（聯絡/寄貨/加入會員/行銷/會員折扣/等之用，
詳細內容請參閱http://shop.psygarden.com.tw/member_register.asp。

廣 告 回 信
台 北 郵 政 登 記 證
台北廣字第1143號
免 貼 郵 票

10684台北市信義路四段53巷8號2樓
讀者服務組　收

免　　貼　　郵　　票

（對折線）

加入心靈工坊書香家族會員
共享知識的盛宴，成長的喜悅

請寄回這張回函卡（免貼郵票），
您就成為心靈工坊的書香家族會員，您將可以——

⊙隨時收到新書出版和活動訊息

⊙獲得各項回饋和優惠方案